AF107339

www.ingramcontent.com/pod-product-compliance
Lightning Source LLC
LaVergne TN
LVHW010621070526
838199LV00063BA/5221

* 9 7 8 9 3 6 9 0 8 2 9 9 5 *

رودادِ جاپان

(جاپان کے دوسرے سفر کی روداد)

خلیل الرحمٰن چشتی

© Khaleel-ur-Rahman Chishti

Roodaad-e-Japan *(Travelogue)*

by: Khaleel-ur-Rahman Chishti

Edition: March '2025

Publisher :

Taemeer Publications LLC (Michigan, USA / Hyderabad, India)

ISBN 978-93-6908-299-5

9 789369 082995

مصنف یا ناشر کی پیشگی اجازت کے بغیر اس کتاب کا کوئی بھی حصہ کسی بھی شکل میں بشمول ویب سائٹ پر اَپ لوڈنگ کے لیے استعمال نہ کیا جائے۔ نیز اس کتاب پر کسی بھی قسم کے تنازع کو نمٹانے کا اختیار صرف حیدرآباد (تلنگانہ) کی عدلیہ کو ہوگا۔

© خلیل الرحمٰن چشتی

کتاب	:	**رودادِ جاپان** (سفرنامہ)
مصنف	:	**خلیل الرحمٰن چشتی**
صنف	:	سفرنامہ
ناشر	:	تعمیر پبلی کیشنز (حیدرآباد، انڈیا)
سالِ اشاعت	:	۲۰۲۵ء
صفحات	:	۵۲
سرورق ڈیزائن	:	تعمیر ویب ڈیزائن

رودادِ جاپان

(جاپان کے دوسرے سفر کی روداد)

خلیل الرحمٰن چشتی

khaleelchishti@gmail.com

فہرست مضامین

نمبر	مضامین	صفحات
1	آبادی، سکہ، بڑے شہر، صنعت، زلزلے	3
2	دیومالائی عقائد اور مذاہب	4
3	جاپان کی مختصر تاریخ	7
4	جاپان کا کوریا پر تسلط (1894ء)	9
5	جاپان کی روس پر فتح اور منچوریا پر تسلط (1904ء)، بحرالکاہل پر بالادستی (1907)	10
6	جاپان کا منچوریا پر قبضہ اور ظلم وستم (1931ء)	11
7	جاپان کا امریکہ کے جزیرے ہوائی پر حملہ (پرل ہاربر) (دسمبر 1941ء)	13
8	کورل سی اور مڈوے بحری جنگوں میں جاپان کا نقصان (مئی اور جون 1942ء)	13
9	جاپان کی تنہائی	15
10	اوکی ناوا پر امریکہ کا قبضہ (اگست 1945ء)	15
11	ہیروشما اور ناگاسا کی پر ایٹمی حملہ (اگست 1945ء)	16
12	دوسری جنگِ عظیم کے بعد کا جاپان	16
13	جاپانی کمانڈر کویاماموتو کا تکبر اور قرآن	17
14	دورۂ جاپان کی روداد	18
15	ایک نئی اکیڈمی کا منصوبہ	38
16	بچوں کو حافظ بنانا کافی نہیں ہے	40
17	اسلامک سرکل آف جاپان کے لیے تجاویز	42
18	اسلامک سرکل آف جاپان کی مسجدیں	46

2

جاپان

جاپان، چار بڑے اور تیس چھوٹے جزیروں پر مشتمل مشرقِ بعید (Far East) کا ایک اہم ملک ہے۔

گھٹتی ہوئی آبادی:

جاپان کی موجودہ آبادی 2025ء کے آغاز میں 12 کروڑ 33 لاکھ افراد پر مشتمل ہے، جس میں مسلسل کمی ہو رہی ہے۔

2008ء میں جاپان کی آبادی 12.8 کروڑ تھی۔ 2022ء میں 12.5 رہ گئی۔ 2025ء میں 12.33 رہ گئی۔

اندیشہ ہے کہ 2040ء میں آباد گھٹ کر 10.7 کروڑ رہ جائے گی۔

2050ء میں جاپان کی آبادی گھٹ کر 9.7 کروڑ رہ جائے گی۔ 2065ء میں 9 کروڑ سے بھی کم۔

قدر کھوتا ہوا جاپانی روپیہ ین (Yen):

جاپانی روپیہ کو ''ین'' (Yen) کہتے ہیں۔ جاپانی روپے کی قدر میں تیزی کے ساتھ کمی بیشی ہو رہی ہے۔

2010ء میں ایک امریکی ڈالر، 87 ین کے برابر تھا۔ 2011ء میں ین کی قیمت بڑھ کر 80 کے برابر ہوگئی۔

2013ء میں ''ین'' گرنے لگا۔ ایک ڈالر 97 ین کے برابر ہوگیا۔ 2015ء میں ڈالر 121 ین کے برابر ہوگیا۔

2022ء میں ڈالر، 131 ین کے برابر، 2023ء میں 140 ین کے برابر اور 2024ء میں 140 ین کے برابر ہوا۔

آج 2025ء میں ایک امریکی ڈالر، 154 ''ین'' کے برابر ہے۔

جاپان کے بڑے شہر:

سب سے بڑا شہر تو کیو (Tokyo) ہے، جو دارالحکومت بھی ہے۔ اس کے بعد یوکوہاما (Yokohama)، اوساکا (Osaka)، ناگویا (Nagoya)، ساپورو (Sapporo)، فوکوکا (Fukuoka)، کوبے (Kobe) اور کیوتو (Kyoto) بڑے شہر ہیں۔

جاپانی صنعت:

دوسری جنگ عظیم کی شکست کے باوجود، جاپان آج بھی ایک امیر ملک ہے۔ اسے ٹیکنالوجی میں برتری حاصل ہے۔ جاپان کی گاڑیاں ساری دُنیا میں خریدی جاتی ہیں۔ ساری دُنیا میں جاپانی روبوٹیکس، الیکٹرانکس اور جاپانی صنعت کا سکہ آج بھی جاری ہے۔

زلزلوں کی سرزمین:

جاپان زلزلوں کی سرزمین ہے۔ یہاں ایک سو سے زیادہ فعال آتش فشاں (Volcanoes) ہیں۔

1923ء کے زلزلے میں ایک لاکھ چالیس ہزار لوگ مارے گئے تھے۔

1995ء اور 2011ء میں بھی بہت بڑے زلزلے آئے۔

جاپانی عقائد اور دیو مالائی تصورات

جاپانیوں میں قدیم زمانے کی جو کہانیاں مشہور ہیں، وہ نہایت عجیب وغریب ہیں۔

جاپانی مذاہب:

جاپان میں تقریباً باون (52) فی صد افراد کا تعلق ''شِنتو'' (Shinto) مذہب سے ہے۔

4 فی صد لوگ ''شِنتو'' کے ذیلی مذاہب سے منسلک ہیں۔

بدھ مت کو ماننے والوں کی تعداد تقریباً پینتیس (35) فی صد ہے۔ بدھ مت یہاں 538 عیسوی میں پہنچا۔

عیسائی دو (2) فی صد سے کچھ زیادہ ہیں۔ 1549ء میں عیسائیت جاپان میں داخل ہوئی۔

جاپان میں مسلمانوں کی تعداد ایک فی صد سے بھی کم ہے۔ مسلمان صرف 0.18 فی صد ہیں۔

کل مسلمانوں کی تعداد 2 لاکھ 30 ہزار ہے۔ ان میں 50 ہزار جاپانی شہریت رکھتے ہیں۔

پاکستانیوں کی تعداد 15 ہزار سے زائد ہے۔

جاپان میں 2025ء تک 125 سے زیادہ مسجدیں تعمیر کی گئی ہیں۔ ان میں اسلامک سرکل آف جاپان (ICOJ) کی مسجدیں صرف دس (10) ہیں۔

شنتو ازم (Shintoism):

جاپان کا اکثریتی مذہب شنتو ازم ہے۔ جاپان کی تاریخ کا سراغ تیسری صدی عیسوی کے بعد ملتا ہے۔ شِنتو کا مطلب ''دیوتاؤں کا راستہ'' ہے۔ یہ لفظ شِن اور تاؤ کا مرکب ہے۔ شِن اور تاؤ مل کر **شِنتاؤ** بنے۔ پھر یہ **شِنتو** کہلانے لگا۔

تاؤ مذہب: تاؤ مذہب کا بانی ایک چینی فلسفی ''لاؤ زے تاؤ'' تھا۔ کہتے ہیں کہ اس کا اصلی نام ''لی پایا نگ'' تھا۔

610 ق م میں کنفیوشس سے 50 سال پہلے پیدا ہوا۔ حکومت کے عہدے کو چھوڑ کر یہ جلا وطنی اختیار کرنا چاہتا تھا، لیکن سرحدی افسر نے باہر جانے کے لیے یہ شرط عائد کر دی کہ اپنی تعلیمات مجھے لکھ کر دو۔ چنانچہ اُس نے ایک کتاب ''تاؤ تے چنگ'' لکھ کر دی۔

''لاؤ زے تاؤ'' کے نزدیک ''تاؤ'' سے مراد خدا ہے، جو ہر جگہ موجود ہے، جس کے دم سے کائنات قائم ہے، جس کا کوئی جسم نہیں، جو خالق ہے، رازق ہے۔ لاؤ زے تاؤ کہا کرتا تھا کہ کائنات کے پیچھے ایک پُر اسرار نا قابلِ بیان قوت ہے۔

افسوس! اس کے ہاں آخرت کا کوئی تصور نہیں ملتا۔

شنتو مذہب کا کوئی بانی نہیں ہے۔ اس مذہب میں نبی اور رسول کا بھی کوئی تصور نہیں پایا جاتا۔ قدیم پرانی داستانوں اور دیو مالائی کہانیوں پر مشتمل ایک کتاب ''کوجیکی'' (Kogiki) ہے۔ کہتے ہیں کہ یہ 712ء میں لکھی گئی۔ اسی طرح ایک اور کتاب

''نی ہان جی'' (Nihon-gi) ہے، جو 720ء میں لکھی گئی۔ شنتو مذہب میں توحید نہیں ہے۔ شرک ہی شرک ہے۔ ان کے خداؤں کی تعداد کروڑوں میں ہے۔ مخلوقات کو خدا بنا لینے کا رجحان عام ہے۔ خاص طور پر سورج کو سب سے بڑا معبود سمجھا جاتا ہے، جسے ''اَماتراسو اوکی ماکی'' (Amaterasu Okimaki) کہتے ہیں۔ پہاڑوں درختوں اور جانوروں کی پوجا بھی کی جاتی ہے۔ شنتو مذہب کے لوگ مرے ہوئے لوگوں کی طاقت سے ڈرتے ہیں۔ سورج تمام معبودوں کا سردار ہے۔ جاپانی بادشاہ سورج دیوی کی اولاد ہیں۔ اس لیے بادشاہوں کے تقدس کا تصور اس مذہب میں موجود ہے۔ اس مذہب کے بعض پیروکار راہبانہ تصورات رکھتے ہیں۔ فاقہ کشی کرتے ہیں۔ ٹھنڈے پانی میں نہاتے ہیں۔ غالباً یہ بدھ مت کے اثرات ہوں گے۔ عبادت کے لیے یہ کسی بت کے سامنے دو مرتبہ جھکتے ہیں، پھر گھٹنوں کے بل بیٹھ جاتے ہیں، پھر جھکتے ہوئے اُٹھتے ہیں اور مخصوص دُعائیں مانگتے ہیں۔

جاپانی دیومالائی عقائد کے مطابق، دو کرداروں کو جاپان کا خالق سمجھا جاتا ہے۔

یہ **''ایزاناگی دیوتا'' (Izanagi)** اور **''ایزانامی دیوی'' (Izanami)** ہیں۔

جاپانی دیومالائی داستانوں میں یہ بھی کہا گیا ہے کہ ''جنت کے آقا'' نے اِن دو دیوتاؤں کو بھیجا، جنہوں نے سمندر میں ان کے لئے ایک گھر بنایا، اُسی گھر کا نام جاپان ہے۔

ہمارا خیال یہ ہے کہ داستانوں میں حضرت آدمؑ اور حضرت حواؑ کو انہوں نے ایک دیوتا اور ایک دیوی کا نام دے دیا۔

دلچسپ بات یہ ہے کہ یہ دیومالائی کہانیاں اور داستانیں کہتی ہیں کہ پہلے زمین اور آسمان ایک تھے، پھر یہ الگ الگ کر دیے گئے۔ قرآنِ مجید بھی اس کی تائید کرتا ہے۔

﴿اَنَّ السَّمٰوٰتِ وَالْاَرْضَ كَانَتَا رَتْقًا فَفَتَقْنٰهُمَا﴾

''بلاشبہ آسمان اور زمین پہلے آپس میں جڑے ہوئے تھے، پھر ہم نے اُنہیں الگ کر دیا۔'' (الانبیاء:30)

ان کے دیومالائی عقائد کہتے ہیں کہ دونوں خداؤں نے قلم کے ذریعے، زمین کے عناصر کو پیدا کیا، اس کے برخلاف صحیح احادیث میں ہے کہ اللہ تعالیٰ نے سب سے پہلے قلم پیدا کیا۔ (ابوداود) ان کے دیومالائی عقائد کہتے ہیں کہ یہ دونوں دیوتا اور دیوی زمین پر آئے۔ ان دونوں کے ملاپ سے جاپان کے جزیرے وجود میں آئے۔ پھر ''ایزانامی دیوی'' (Izanami) نے آگ کے دیوتا کو جنم دیا۔ آگ کے دیوتا نے اپنی ماں **''ایزانامی دیوی'' (Izanami)** کو جلا کر خاک کر دیا۔ عجیب بات ہے کہ مخلوق نے خالق کو مار ڈالا۔

اس دیوی کا شوہر **''ایزاناگی دیوتا'' (Izanagi)** اپنی بیوی کی جدائی کے بعد غمگین رہا۔

سب سے عجیب وغریب بات یہ ہے کہ جاپانی سمجھتے ہیں کہ جاپان کا پہلا بادشاہ جِمّو (Jimmu) دراصل سورج دیوی کے پوتے کا پوتے کا بیٹا ہے۔ اس کا زمانہ 585 قبل مسیح بیان کیا جاتا ہے۔

جاپان میں بدھ مت:

بدھ مت پہلے چین سے کوریا میں آیا اور پھر کوریا سے 552ء اور 575ء کے درمیان جاپان میں داخل ہوا۔ جاپانیوں نے بدھ مت کی تعلیمات کی اپنی تشریحات لکھیں۔ بدھ مت کے ماننے والوں نے مقامی دیو مالائی شنتو مذہب کے عقائد کے ساتھ مفاہمانہ رویہ اختیار کیا۔ بدھ مت کے مذہبی مرد و خواتین بھکشو اور راہب، شنتو مراسمِ عبادت اور رسومات میں بھی حصہ لینے لگے۔ نتیجہ یہ نکلا کہ شنتو مذہب کے دیوتاؤں کو، گوتم بدھ کے مختلف اوتار سمجھ کر قبول کر لیا گیا۔

❖❖❖❖❖ ❖❖❖❖❖

جاپان کی مختصر تاریخ

جاپان میں مقیم پاکستانیوں کے لیے ضروری ہے کہ وہ جاپان کی تاریخ اور جاپان کے جغرافیہ کو اچھی طرح سمجھیں۔ یہاں کے مذاہب اور یہاں کی تہذیب کا مطالعہ کریں۔ ان کے عروج اور ان کے زوال سے واقفیت حاصل کریں۔ ان کے عروج کے اسباب پر غور کریں اور ان کی شکست کے اسباب سے عبرت حاصل کریں۔ چنانچہ ہم یہاں ذیل میں جاپان کی مختصر تاریخ آپ کے سامنے رکھنا چاہتے ہیں کہ آپ کو یہاں اسلام کی دعوت کو عام کرنے میں مدد مل سکے۔

488 قبل مسیح میں گوتم بدھ کی وفات ہوئی تھی۔

538 عیسوی میں، گوتم بدھ کی وفات کے تقریباً ایک ہزار سال بعد، بدھ مت جاپان پہنچا۔

710 عیسوی میں نارا دورِ حکومت (Nara period) کا آغاز ہوا۔ 85 سال بعد

794 عیسوی میں ہیان دورِ حکومت (Heian period) کی ابتداء ہوئی۔

1025 عیسوی میں جاپانی خاتون ناول نگار ''موراساکی شیکی بو'' (Murasaki Shikibo) کی وفات ہوئی۔
اس خاتون نے 1012ء میں دیومالائی داستان گینجی (The Tale of Genji) کی تصنیف کی۔

1185 عیسوی میں کاماکورا دورِ حکومت (Kamakura period) کا آغاز ہوا۔

1192 عیسوی میں جاپان کے بادشاہ نے ''یوری موتو'' کو شوگن (Shogun) مقرر کیا۔ شوگن کا مطلب 'فوج کا سربراہ' ہے۔
جاپان میں بدھ اِزم کے اُس فرقے کو قبول کیا گیا، جس کا آغاز چین سے ہوا تھا، جسے زین (Zen) مذہب کہتے ہیں۔
زین مذہب دراصل ''مہایانا بدھ مت'' کی ایک شاخ ہے، جو ''تاؤازم'' سے متاثر ہے۔

1274 عیسوی میں منگولوں نے جاپان پر حملوں کا آغاز کیا۔

1281 عیسوی میں منگولوں نے جاپان پر دوسرا حملہ کیا۔

1300 عیسوی سے لے کر 1500ء تک کے دور میں زیادہ تر خانہ جنگی ہوتی رہی۔

1333 عیسوی میں ''موروماچی'' عہد (Muromachi period) کی ابتداء ہوئی۔

1335 عیسوی میں بادشاہ اور جرنیل آشی کے درمیان اختلافات ہوئے۔ شاہی فوج کو شکست ہوئی۔

1338 عیسوی میں بادشاہ نے شوگن (Shogun) یعنی سپہ سالار کا تقرر کیا، جو بِالفعل حکومت چلایا کرتا ہے۔

1397 عیسوی میں کنکا کو جی (Kinkaku-ji سنہری عبادت گاہ) کی تعمیر ہوئی۔

1489 عیسوی میں کنکا کو جی (Kinkaku-ji چاندی کی عبادت گاہ) کی تعمیر ہوئی۔

1543 عیسوی میں پرتگالی بحری جہاز ، تانے گاشی ما(Tane Gashima) کے ساحل پر لنگر انداز ہوا۔

پرتگال کے تین تاجر جاپان کے ایک جزیرے پر پہنچے۔ وہ اپنے ساتھ بارودی بندوقیں لے کر آئے تھے۔

جاپانیوں نے یہ بندوقیں خرید لیں۔ یہ یوروپ سے جاپان تجارت کا آغاز تھا۔ **نئی اسلحہ سازی کا آغاز۔**

1549 عیسوی میں، بدھ مت کی آمد کے ایک ہزار سال بعد، عیسائیت (Christianity) جاپان میں داخل ہوئی۔

اسی سال پہلا عیسائی مبلغ جاپان پہنچا۔

1568 عیسوی میں ''ازوچی موموياما'' دور(Azuchi-momoyama period) کا آغاز ہوا۔

1582 عیسوی میں جرنیل ہیدے یوشی (Hide yushi) نے تمام عیسائی مبلغین کو جاپان چھوڑنے کا حکم دیا۔

جاپان کا کوریا پر حملہ:

1592 عیسوی میں جرنیل ہیدے یوشی (Hide yushi) نے ایک لاکھ ساٹھ ہزار فوجیوں کے ساتھ کوریا پر حملہ کیا اور چھ ہفتوں میں کوریا پر قبضہ کر لیا۔

1600 عیسوی میں سی کی گہارا کی جنگ ہوئی اور عیدو حکومت (Edo period) قائم ہوئی۔

1603 عیسوی میں جاپان نے باقی دنیا سے الگ تھلگ رہنے کی پالیسی اختیار کی۔

1612 عیسوی میں ''آئیاسو'' (Takugawa leyasu) نے عیسائیت پر پابندی عائد کر دی۔

''آئیاسو'' (leyasu) نے دربار میں کنفیوشن اِزم (Confucianism) کو دوبارہ زندہ کیا۔

1626 عیسوی میں بھی عیسائیت پر پابندی عائد کی گئی۔

1637 عیسوی میں ناگاساکی کے قریب عیسائی کسانوں نے بغاوت کی اور کھلم کھلا پرتگال کی حمایت کی۔

پرتگالیوں سے اب جاپانی لوگ حساب، سائنس اور طب کے علوم میں مہارت حاصل کرنے لگے۔

1844 عیسوی میں ہالینڈ کے بادشاہ نے جاپان کو خط لکھا کہ وہ دُنیا کو بیرونی تجارت کے لئے کھول دے۔

1853 عیسوی میں چار (4) امریکی بحری جہاز جاپان آئے اور جاپان کو بین الاقوامی تجارت کے لئے مجبور کیا۔

امریکی بحریہ کے کمانڈر میتھیو پیری (Mathew perry) اپنے چار جہازوں کے ساتھ توکیو کے ساحل پر لنگر انداز ہوا، تاکہ جاپان اور مغربی دنیا کے درمیان تجارت کی راہ ہموار ہوسکے۔ اسی دور میں اسلحہ سازی کے فن کو ترقی ملی۔

1858 عیسوی میں مزید بین الاقوامی تجارتی معاہدے ہوئے۔ جاپان اب ایک فوجی قوت کی حیثیت سے اُبھر رہا تھا۔

1863 عیسوی میں برطانیہ کی پہلی فوج، سات سوما (Satsuma) کے دارالحکومت گوشیما (Goshima) پر اُتری۔

میجی دور(Meiji period):

1867 عیسوی میں میجی دور(Meiji period) کا آغاز ہوا۔ جو1912 عیسوی تک 45 سال قائم رہا۔
میجی دور میں دارالحکومت ٹوکیو منتقل کیا گیا۔ ریلوے کا نظام قائم ہوا۔ آئین کی تشکیل ہوئی اور عام انتخابات ہوئے۔
یہ وہ زمانہ ہے جب جاپان صنعتی اعتبار سے ترقی کر رہا تھا۔ تعلیم کا فروغ ہو رہا تھا۔
جاپان فوجی اعتبار سے بہت مستحکم ہونے لگا اور دُنیا پر حکومت کے خواب دیکھنے لگا۔

1867 عیسوی میں موتسو، ہیتو بادشاہ بنا۔ 45 سال تک، یعنی 1912ء تک حکومت کی ۔ اس دور میں جاپان ایک (World power) عالمی طاقت بن گیا۔ غیر ملکی ماہرین کی خدمات حاصل کی گئیں۔ طلبا کو اعلیٰ تعلیم کے لئے بیرونِ ملک بھیجا گیا۔ جاپانی فوجیوں کی تربیت کے لئے فرانسیسی مشیر مقرر کیے گئے۔

1879 عیسوی میں روس کے حملے سے بچنے کے لیے، جرمنی نے آسٹریا اور ہنگری کے ساتھ اتحاد کیا۔

1881 عیسوی میں سربیا بھی اس آسٹریا اور ہنگری کے اتحاد میں شامل ہوگیا۔ یورپ میں نئی صف بندی ہونے لگی۔

1882 عیسوی میں ایک تین فریقی اتحاد نے جنم لیا، جس میں جرمنی، اٹلی اور آسٹریا وہنگری شامل تھے۔

جاپان کا کوریا پر تسلط:

1894 عیسوی میں جاپان اور چین کے درمیان جنگ چھڑ گئی۔
جاپانی سپاہیوں کو تربیت دی جاتی تھی کہ وہ آخری دم تک لڑیں۔ بادشاہ کے وفادار رہیں۔ موت سب سے مقدس چیز ہے۔
جاپان چاہتا تھا کہ اپنی ملک کی صنعتی ترقی کے لیے دوسرے ممالک پر قبضہ کرے۔ اُسے خام مال کی بے حد ضرورت تھی۔
کوریا میں کوئلے اور لوہے کے ذخائر تھے۔ کوریا چین کے زیرِ اثر تھا۔ چنانچہ جاپان نے اگست 1894ء سے اپریل 1895ء تک کوریا اور منچوریا میں جنگ چھیڑ دی۔ جب کوریا کے شہر سیول میں بغاوت ہوئی اور ہجوم نے جاپانی سفارت کاروں پر حملہ کیا تو جاپان نے اپنی فوجیں کوریا بھیج دیں۔ چین نے بھی اپنی فوجیں بھیجیں، لیکن جنگ کی نوبت نہیں آئی۔
چین کی مداخلت، جاپان کے لیے قابلِ تسلیم نہیں تھی۔

1894 8 جون 1894ء کو جاپان نے کوریا پر حملہ کر کے بادشاہ کے محل پر قبضہ کرلیا اور اپنے حمایتیوں کے حوالے اقتدار کردیا۔
کوریا کو چین سے آزادی ملی۔ جاپان کو دو جزیرے مل گئے اور منچوریا (Manchuria) کے جنوبی سرے پر بحری اڈا بنانے کا اختیار مل گیا۔ یہ وہ دور تھا، جب جاپان اپنی عسکری اور فوجی قوت میں بہت تیزی کے ساتھ آگے بڑھ رہا تھا۔

1894 عیسوی میں روس نے فرانس کے ساتھ معاہدہ کیا، تاکہ جرمنی کو روکا جا سکے۔

1901 عیسوی میں جاپانی مصنف اور دانشور ''فوکوزاوا یوکیچی''(Fukuzawa Yukichi) کی وفات ہوئی۔
اسے جدید جاپان کا بانی کہا جاتا ہے۔ یہ ماہرِ تعلیم کہا کرتا تھا: **''قلم تلوار سے زیادہ طاقت ور ہے''۔**

1902 30 جنوری 1902ء کو برطانیہ اور جاپان نے ایک فوجی معاہدہ کیا، جس سے روس اور جرمنی نے خطرہ محسوس کیا۔

1904 عیسوی میں جاپان اور روس کے درمیان جنگ چھڑ گئی۔

جاپان کی روس پر فتح اور جاپان کا منچوریا پر تسلط:

1904 فروری 1904ء میں جاپان نے کوریا کے ساحل پر روسی جہازوں پر حملہ کر دیا اور دوسری طرف منچوریا (Manchuria) پر یلغار کر دی۔ روس نے بحری بیڑا بھیجا، لیکن جاپان کو مکمل فتح حاصل ہوئی۔

اس جنگ میں جاپان کے 47 ہزار، روس کے 70 ہزار لوگ لقمۂ اجل بنے۔

1905 امریکی صدر روز ویلٹ (Roose Velt) نے جاپان اور روس کے درمیان ثالثی کا کردار ادا کیا اور 5 ستمبر 1905ء کو ایک معاہدے پر دستخط ہو گئے۔

1907 عیسوی میں فرانس اور روس میں ایک معاہدہ ہوا۔ اس کے بعد اس معاہدے میں برطانیہ بھی شامل ہو گیا۔

<u>دو محاذ</u>: اب دو محاذ بن گئے۔

<u>**ایک طرف**</u> جرمنی، اٹلی، آسٹریا ہنگری اور سربیا تھے تو <u>**دوسری طرف**</u> روس، فرانس اور برطانیہ۔

جاپان کا مشرقِ بعید کے سمندروں میں پر تسلط:

1907 عیسوی میں جاپان نے جرمنی کو دھمکی دی کہ وہ مشرقِ بعید (Far east) سے اپنے جنگی بحری جہاز ہٹا لے۔

جرمنی نے جواب نہیں دیا تو جاپان نے اعلانِ جنگ کر دیا۔ جاپان کی فتح ہوئی اور اب ایشیا میں جاپان کی قوت اور بڑھ گئی۔

جاپان اب بحری بیڑے تیار کرنے کی تیاری کر رہا تھا، جس میں اُسے بڑی کامیابی نصیب ہوئی۔ یہاں تک کہ اُس نے چند سالوں میں (Air Craft Carriers) طیارہ بردار سمندری بحری بیڑے تیار کرنے کی صلاحیت حاصل کر لی۔

1910 عیسوی میں جاپان نے زبردستی کوریا کو اپنے ملک میں ضم کر لیا۔

1912 عیسوی میں میجی دور کے خاتمے کے بعد، تائی شو (Taisho) شہنشاہ بن گیا۔

پہلی جنگ عظیم:

1914 1914ء سے 1918ء تک پہلی جنگِ عظیم لڑی گئی، جس میں کیمیائی اور زہریلی گیس استعمال کی گئی۔

90 لاکھ سے 1 کروڑ تک لوگ ہلاک ہوئے۔

1915 عیسوی میں جاپان نے چین سے مشرقی چین پر اختیار کا مطالبہ کیا، جس کو چین نے تسلیم کر لیا۔

جاپان نے چین کے مقبوضہ علاقوں سے لے کر منچوریا تک، ریلوے لائن (Railway Track) بچھا دی۔

1917 عیسوی میں روس میں انقلاب آیا۔ امریکہ، برطانیہ اور جاپان نے مل کر اپنی فوجیں روس کے مشرقی حصے میں اُتار دیں۔

اس کا مقصد کمیونسٹ انقلاب کو روکنا تھا۔ ہر ملک نے 70 ہزار فوجیں بھیجیں۔

1919 عیسوی میں ایک معاہدہ ہوا، جس میں جاپان کو دُنیا کے پانچ بڑے ممالک میں تسلیم کیا گیا۔
جاپان کو (League of Nations) لیگ آف نیشنز میں شامل کیا گیا۔ جاپان کے شمال میں روسی جزیرے سخالین (Sakhalin) اور چین میں منچوریا (Manchuria) پر جاپان کی عمل داری تسلیم کی گئی۔

پہلی جنگِ عظیم میں جاپانی مصنوعات کی مانگ بڑھ گئی۔ جاپان امیر ہوتا گیا۔

1921 عیسوی میں واشنگٹن، امریکہ میں ایک کانفرنس ہوئی، جس میں یہ طے کیا گیا کہ 13 بحری جہازوں میں 5 امریکہ کے اور 5 برطانیہ کے اور 3 جاپان کے ہوں گے۔

1922 عیسوی میں پہلی جنگ عظیم کے بعد واشنگٹن بحری معاہدہ ہوا۔

1926 عیسوی میں شہنشاہ تائی شو (Taisho) کی وفات ہوئی اور شووا (Showa period) حکومت کی ابتداء ہوئی۔

جاپان کا منچوریا پر قبضہ اور ظلم وستم:

1931 عیسوی میں جاپانی فوجوں نے منچوریا پر حملہ کیا اور ''مانچوکو'' (Manchukuo) نامی ایک کٹھ پتلی آزاد ریاست قائم کر دی۔
چین نے اس ریاست کو تسلیم نہیں کیا۔ جاپان نے بے دریغ قتلِ عام کیا۔
جرمنی نے جاپان کی کٹھ پتلی حکومت ''مانچوکو'' (Manchukuo) کو تسلیم کر لیا۔

1933 عیسوی۔ 30 جنوری 1933ء کو ہٹلر **(Adolf Hitler)** جرمن کا چانسلر بن گیا۔

1933 عیسوی میں جاپان کا لیگ آف نیشنز (League of Nations) سے اخراج ہوا۔

1935 اکتوبر 1935ء میں اٹلی نے ایتھوپیا پر قبضہ کر لیا۔

جاپان کا ظلم وستم:

1937 **جاپانی ظلم:** جولائی 1937ء میں جاپان نے چین کے بڑے حصے پر قبضہ کر لیا۔ خام مال کے حصول کے لیے یہ جاپان کی ضرورت تھی۔ بے شمار لوگ شہید کیے گئے۔ عورتوں کی آبروریزی کی گئی۔ کہتے ہیں ڈھائی لاکھ سے تین لاکھ لوگ مارے گئے۔ امریکہ نے جاپان سے مطالبہ کیا کہ وہ چین سے نکل جائے اور جاپان کے ساتھ تیل اور لوہے کی تجارت روک دی۔

1938 عیسوی میں جرمنی اور آسٹریا کے درمیان معاہدہ طے پا گیا۔

1939 عیسوی میں ہٹلر (Hitler) چیکوسلواکیہ فتح کرتا ہے۔

1939 مئی 1939ء میں روس اور منگول فوجوں نے مل کر، منچوریا میں ''مانچوکو'' (Manchukuo) کی حکومت کو جاپان کے اثر سے آزاد کرنے کے لیے لڑائی چھیڑ دی۔

جاپان کی شکست:

1939 31 اگست 1939ء میں منچوریا میں جاپان کی شکست ہوگئی۔

1939 عیسوی میں روس اور جرمنی اگست 1939ء میں باہمی معاہدہ کرتے ہیں کہ پولینڈ کو بانٹ لیا جائے۔

دوسری جنگ عظیم کا آغاز۔ پولینڈ (Poland) پر حملہ:

1939 یکم ستمبر 1939ء کو جرمنی کی فوجوں نے ہٹلر (Hitler) کی قیادت میں پولینڈ (Poland) پر حملہ کیا۔
دوسری جنگ عظیم شروع ہوگئی۔

1939 3 ستمبر 1939ء برطانیہ اور فرانس، جرمنی کے خلاف اعلانِ جنگ کرتے ہیں۔

1940 اپریل مئی 1940ء ہٹلر (Hitler) ڈنمارک اور ناروے پر حملہ کرتا ہے۔

1940 11 جون 1940ء اٹلی جرمنی کا ساتھی بن کر شاملِ جنگ ہوتا ہے۔

1940 عیسوی میں چین کی سرخ فوج نے ایک بڑا حملہ کیا۔ دوسری طرف روس نے پیش قدمی کی اور جاپانیوں کو پیچھے دھکیل دیا۔

1940 22 ستمبر 1940ء کو ویٹنام، لاؤس اور کمبوڈیا میں جاپان کو فوجی اڈے قائم کرنے کی اجازت مل گئی۔
جاپانی فوجیں ہنوئی (Hanoi) (ویٹ نام) اور گیالام (Gia-lam Airport) کے ہوائی اڈے پر قابض ہوگئیں۔
ان کا قبضہ 1945ء تک پانچ سال رہا۔

1940 27 ستمبر 1940ء کو جاپان نے جرمنی اور اٹلی کے ساتھ محوری قوت (Axis Power) کے معاہدے پر دستخط کیے۔
یہ معاہدہ، سہ فریقی معاہدہ (tripartite pact) کہلاتا ہے، جو جرمنی کے شہر برلن میں طے پایا۔

تین ملکوں کے اغراض ومقاصد:

جرمنی چاہتا تھا کہ پورے یورپ پر اُس کا قبضہ اور اُس کی بالادستی قائم ہوجائے۔
اٹلی چاہتا تھا کہ پورے شمالی آفریقہ پر اُس کا تسلط ہوجائے۔
جاپان چاہتا تھا کہ پورے بحرالکاہل اور پورے مشرقِ بعید بشمول کوریا، جاپان، ویٹنام وغیرہ پر اُس کا قبضہ ہوجائے۔
امریکہ کو ویٹنام پر جاپانی تسلط اور جرمنی کے ساتھ جاپانی معاہدے پر تشویش لاحق ہوئی۔
جرمنی نے پولینڈ کے بعد، برطانیہ اور فرانس کے خلاف جنگ چھیڑ دی۔
جرمنی نے فرانس اور ہالینڈ کو شکست دینے کے بعد، بحری اور فضائی طور پر برطانیہ کا محاصرہ کرلیا۔

1940 عیسوی میں برطانیہ، شمالی افریقہ میں اطالیوں (Italians) کو شکست دیتا ہے۔

1941 عیسوی میں جرمنی اور اٹلی مل کر، یوگوسلاویہ پر حملہ کرتے ہیں۔

جون 1941 ہٹلر (Hitler) روس پر حملہ کرتا ہے۔

امریکہ جاپان اختلافات کا آغاز:

1941 25 جولائی 1941ء کو امریکہ نے تمام جاپانی اثاثے منجمد کر دیے۔

جاپان کا پرل ہاربر پر حملہ:

دسمبر 1941 **پرل ہاربر پر حملہ:** 7 دسمبر 1941ء کو جاپان نے امریکہ کے جزیرے ہوائی (Hawaii) کی بندرگاہ پرل ہاربر (Pearl Harbor Naval Base, Hawaii) پر حملہ کر دیا۔ جاپانی وائس ایڈمیرل ''ناگومو'' قیادت کر رہے تھے۔ زمین پر موجود 155 طیاروں کو تباہ کیا گیا۔ بحری جہاز ایریزون پھٹ گیا۔ جاپان بحرالکاہل پر مکمل تسلط کا خواب دیکھنے لگا۔ یہ حملہ اُن ہوائی جہازوں سے کیا گیا، جو بحری بیڑوں پر موجود تھے۔ کئی بحری جہاز غرق کیے گئے۔ 150 سے زیادہ ہوائی جہاز تباہ ہوئے۔ 2400 امریکی ہلاک ہوئے۔ یہ جنگ بحرالکاہل یعنی پیسفک اوشن (Pacific Ocean) پر جاپان کے قبضے کے سلسلے میں تھی۔

امریکہ کا جزیرہ ہوائی (Hawaii)، امریکہ اور جاپان کے درمیان واقع ہے۔ جاپانیوں کی فتح کی وجہ سے امریکہ کو اتحادیوں کے ساتھ مل کر مشترکہ جدوجہد کرنی پڑی۔ یہ 7 دسمبر 1941ء کا واقعہ ہے۔

دسمبر 1941ء 8 دسمبر کو برطانیہ اور امریکہ دونوں جاپان کے خلاف جنگ کا اعلان کرتے ہیں۔

اپریل 1942ء میں جاپان نے سوچا کہ آسٹریلیا اور نیوزی لینڈ کے اطراف کے جزائر پر قبضہ کر لیا جائے، تاکہ امریکہ اور اُس کے اتحادی افواج کا اس علاقے سے رابطہ ختم ہو جائے۔

5 اپریل 1942ء کا دن جاپان کے لیے بہت بُرا تھا۔ امریکہ نے جاپان کے خفیہ پیغام رسانی کے کوڈ کا 85% حصہ ڈیکوڈ کر لیا۔

اپریل 1942ء امریکہ 18 اپریل 1942ء کو ٹوکیو اور دوسرے جاپانی شہروں پر اپنے فضائیہ ہوائی حملے کرتا ہے، جسے Doolittle Raid کا نام دیا گیا۔

مئی 1942ء مئی 1942ء کے پہلے ہفتے میں آسٹریلیا کے شمال مشرقی سمندری علاقے میں جنگ لڑی گئی، جسے **کورل جنگ (Coral sea war)** کہتے ہیں۔ دونوں طرف کے بحری بیڑوں پر موجود طیاروں نے ایک دوسرے پر حملے کیے۔

7 جون 1942ء **مڈوے کی جنگ (Battle of midway)**: پرل ہاربر کے حملے کے 6 ماہ بعد، الاسکا کے نزدیک چھوٹے جزیروں پر جنگ ہوئی، جسے مڈوے (Midway) کا نام دیا گیا۔ جاپان چاہتا تھا کہ بحرالکاہل میں شمال اور جنوب دونوں طرف سے پورا کنٹرول حاصل کر لیا جائے۔

جون 1942ء کورل سی (**Coral sea**) اور مڈوے (**Midway**) کی جنگوں کے بعد جاپانی بحریہ کی طاقت کمزور ہونے لگی۔ جون 1942ء کی اس جنگ میں جاپان کے چھ طیارہ بردار بحری جہاز تباہ ہو گئے۔

جولائی 1942ء میں جاپان اور آسٹریلیا کے درمیان جنگ کا آغاز ہوا۔ یہ جنگ آسٹریلیا کے اطراف کے جزائر پر قبضے کے لیے ہوئی تھی۔

نومبر 1942ء روس کے شہر اسٹالن گراڈ (Stalingrad) کی لڑائی ہوئی۔ جرمنی نے روس کی طرف پیش قدمی کی۔

31 جنوری 1943ء کو جرمن فوج نے اسٹالن گراڈ (Stalingrad) میں ہتھیار ڈال دیے۔

18 اپریل 1943ء کو امریکہ نے جاپان کا خفیہ پیغام ڈیکوڈ کرلیا کہ جاپانی ایڈمرل ''یاماموتو'' فضائی پرواز کریں گے۔

امریکیوں نے ان کے ہوائی جہاز کو گھیر کر گرادیا، جس سے ان کی ہلاکت ہوئی۔

''**ایڈمرل یاماموتو**''، ہاورڈ یونیورسٹی کے پڑھے ہوئے تھے۔ امریکہ میں سفارتی مشن پر بھی گئے تھے۔

مئی 1943ء جرمنی اور اٹلی پر مشتمل محوری قوتیں (Axis power)، 12 مئی 1943ء کو شمالی افریقہ میں اپنی شکست تسلیم کرلیتی ہیں۔

اگست 1943ء **سسلی (Sicily) کی فتح:** 9 جولائی سے 17 اگست 1943ء تک اتحادی افواج، اٹلی کے جزیرے سسلی (Sicily) کو فتح کرلیتے ہیں۔

ستمبر 1943ء **اٹلی کی شکست:** 3 ستمبر 1943ء کو اپنی شکست تسلیم کرلیتا ہے۔ 12 ستمبر 1943ء کو اتحادی اٹلی میں داخل ہوئے۔

جنوری 1944ء جرمنی نے روس کے شہر لنن گراڈ (Leningrad) کا محاصرہ ختم کردیا۔

جون 1944ء **امریکہ کا قبضہ:** جون 1944ء میں امریکہ نے حملہ کرکے بحر الکاہل کے جزائر، سائی پین (Saipan)، تینیان (Tinian) اور گوام (Guam) پر قبضہ کرلیا۔ یہ جزائر جاپان اور آسٹریلیا کے درمیان واقع ہیں۔

یہاں سے بحر الکاہل میں جاپان کی شکست کا آغاز ہوتا ہے۔

جون 1944ء **روم (Rome) کی آزادی:** 5 جون 1944ء کو آزاد کیا جاتا ہے

جون 1944ء 6 جون 1944ء کو، اتحادی فوجیں جرمن فوجوں کے مقبوضہ علاقوں کی آزادی کے لیے ایک آپریشن کا آغاز کرتی ہیں، جسے (Battle of Normandy) کا نام دیا گیا۔

اگست 1944ء پیرس (Paris, France) 25 اگست 1944ء کو آزاد کیا جاتا ہے۔

اکتوبر 1944ء میں خلیجِ لیٹی (Layte Gulf) میں جنگ لڑی گئی۔

امریکی اور فلپائنی فوجوں نے مل کر جاپان کے خلاف جنگ کی اور فتح یاب ہوئے۔

جنرل میک آرتھر (McArther) کو بری، بحری اور فضائی تینوں شعبوں کا سپریم کمانڈر بنادیا گیا۔

دسمبر 1944ء بلجیم کے پاس 16 دسمبر 1944ء کو (Battle of Bulge) لڑی گئی۔

فروری 1945ء **اہم ملاقات:** 11 فروری 1945ء کو دُنیا کے تین بڑے لیڈروں نے یعنی امریکی صدر روز ویلٹ (Roose Velt) برطانوی وزیر اعظم چرچل (Churchil) اور روس کے جوزف اسٹالن (Stalin) نے اہم ملاقات کی۔

مارچ 1945ء اتحادی فوجیں، سوئزرلینڈ اور آسٹریا کے درمیان دریائے رائین (River Rhine) پار کرتی ہیں۔

اپریل 1945ء روسی فوجیں 28 اپریل 1945ء کو، جرمنی کے شہر برلن (Berlin) پہنچ جاتی ہیں۔

اپریل 1945ء اٹلی کا ڈکٹیٹر مسولینی (Benito Mussolini) 28 اپریل 1945ء کو سوئزرلینڈ فرار ہوتے ہوئے پکڑا جاتا ہے اور قتل کیا جاتا ہے۔

اپریل 1945ء جرمنی کا ڈکٹیٹر ہٹلر (Adolf Hitler) دو دن بعد، 30 اپریل 1945ء کو خودکشی کر لیتا ہے۔

جاپان کی تنہائی:

جاپان کی تنہائی: اپریل 1945ء میں اٹلی کے مسولینی کو پھانسی دی جا چکی تھی اور جرمنی کا ہٹلر خودکشی کر چکا تھا۔

سہ فریقی اتحاد میں اب صرف جاپان تنہا باقی رہ گیا تھا۔

مئی 1945ء جرمنی اپنی شکست تسلیم کرتے ہوئے 7 مئی 1945ء کو غیر مشروط طور پر ہتھیار ڈالتا ہے۔

سارا یورپ 8 مئی 1945ء کو محوری قوتوں (جرمنی، اٹلی اور جاپان) کے مقابلے میں، اپنی فتح کے جشن کا دن (V.E. Day) مناتا ہے۔ یہ دن (Victory of Europe Day) کے نام سے مشہور ہے۔

اوکی ناوا (Okinawa) میں جاپان کی شکست:

اوکی ناوا جاپان کے جنوب کا جزیرہ ہے، یہاں کئی مہینوں تک امریکہ کی جاپان سے جنگ جاری رہی۔

بالآخر جون 1945ء میں جاپان کو شکست ہوگئی۔

جاپانی فوج کی قیادت جرنل اوشی جیما (Mitsuru Ushijima) کر رہے تھے۔

22 جون 1945ء کو جرنل "اوشی جیما" (Ushijima) نے خودکشی کر لی۔ اس جنگ میں 50 ہزار امریکی، ایک لاکھ جاپانی اور اوکی ناوا کے عام شہری مارے گئے۔

اوکی ناوا کے جاپانی جزیرے پر آج بھی 55 ہزار امریکی فوج موجود ہے۔ یہ امریکہ کے اہم اڈوں میں سے ایک ہے۔ امریکہ جاپان کی ہر سرگرمی پر آج دوسری جنگ عظیم کے اَسّی (80) سال بعد بھی، 2025ء میں بھی کڑی نظر رکھتا ہے۔

جولائی 1945ء روس، جاپان کے خلاف 8 جولائی 1945ء کو اپنی جنگ کا اعلان کرتا ہے۔

امریکہ کی جاپان کو دھمکی:

اگست 1945ء **امریکہ کی جاپان کو دھمکی:** اگست 1945ء میں نئے امریکی صدر ٹرومن (Truman) نے جاپان کو حملے کی دھمکی دی۔ جاپانی وزیراعظم سوزوکی نے دھمکی پر کوئی توجہ نہیں دی۔ جس کا خمیازہ جاپان کو ایٹمی حملوں کی صورت میں بھگتنا پڑا۔

امریکہ کا جاپان پر ایٹمی حملہ:

اگست 1945ء امریکہ جاپان کے شہر ہیروشیما (Hiroshima) پر 6 اگست 1945ء ایٹم بم گراتا ہے۔

اگست 1945ء امریکہ تین دن بعد جاپان کے شہر ناگاساکی (Nagasaki) پر 9 اگست 1945ء کو ایٹم بم گراتا ہے۔

دوسری جنگِ عظیم میں جاپانیوں کی 25 لاکھ ہلاکتیں ہوئیں۔ امریکی افراد کی ہلاکتیں 4 لاکھ کے قریب تھیں۔

جاپان کے پاس 85,611 طیارے تھے، جبکہ امریکہ کے پاس 3,24,750 طیارے تھے۔

جاپانی فوجوں کی تعداد 17 لاکھ تھی اور اس کے 51 ڈویژن تھے، جبکہ امریکی افواج کی تعداد 77 لاکھ تھی۔

اگست 1945ء جاپان 18 اگست 1945ء کو اپنی شکست تسلیم کر لیتا ہے۔

ستمبر 1945ء امریکی جرنل میک آرتھر، 2 ستمبر 1945ء کو جاپان کی غیر مشروط شکست کے معاہدے کو تسلیم کرتا ہے۔

ہتھیار ڈالتے وقت بھی جاپان کے پاس 20 لاکھ کی فوج اور 3 ہزار لڑاکا طیارے موجود تھے۔

مالِ غنیمت کی تقسیم: جرمنی کو دو حصوں میں بانٹ دیا گیا۔ شمالی کوریا روس کے قبضہ میں دیا گیا اور جنوبی کوریا پر امریکہ کا تسلط برقرار رہا۔ اوکیناوا (Okinawa) اور امامی جزائر (Amami Island) پر امریکہ کا تسلط برقرار رہا۔

سخالین (Sakhalin) اور کورل جزائر (Coral Islands) کا قبضہ روس کو دے دیا گیا۔

1946 **جنگی جرائم کے لیے ٹرائیبونل کا قیام:** مئی 1946ء سے نومبر 1948ء تک پورے ڈھائی سال ایک بین الاقوامی فوجی ٹرائیبونل جاپان کے جرائم کا فیصلہ کرتا رہا۔ کئی ہزار لوگوں کے خلاف مقدمے قائم کیے گئے ۔ کئی لوگوں کو سزائے موت دی گئی، جن میں جاپانی وزیرِ خارجہ، جاپانی وزیرِ جنگ، کمانڈر شامل تھے۔ لیکن افسوس ہے کہ ہیروشیما اور ناگاساکی کے مجرموں کے خلاف کچھ نہیں ہو سکا۔

ایک جاپانی سائنس دان شیرو ایشی (Shiro Ishii)، جو تحقیقی کام کے سربراہ تھے، اُنہیں سزا نہیں دی گئی۔ کہتے ہیں کہ انہیں اس لیے سزا نہیں دی گئی کہ اُنہوں نے اپنی تحقیقات سے امریکہ کو فائدہ پہنچایا تھا۔

دوسری جنگِ عظیم کے بعد کا جاپان:

1947 عیسوی میں جاپان کا نیا دستور منظور ہوا۔

یکم نومبر 1952 عیسوی میں مارشل آئی لینڈز (Marshall Islands) کے جزیرے بکنی اٹول (Bikini Atoll) میں ہائیڈروجن بم کا تجربہ کیا گیا۔

1960 عیسوی کے بعد جاپان نے بہت تیزی کے ساتھ ترقی کی۔

صنعتی ترقی:

آٹو موبائل اور الیکٹرونکس میں نام پیدا کیا۔ بندر گاہیں اور سڑکیں تعمیر کیں۔ تیز رفتار ٹرینیں ایجاد کیں۔

پاکٹ سائز ریڈیو، ٹرانسسٹرز کی پیداوار بڑھی۔ سونی (Sony) نے اپنا سکہ منوایا۔ جاپانی گاڑیاں بنانے میں جاپان کا نمبر دُنیا میں چھٹا ہے۔ جاپان موٹر گاڑیوں کے علاوہ، لوہے اور اسٹیل کی مصنوعات سیمی کنڈکٹر اور آٹو پارٹس سے بھی دولت کماتا ہے۔

جاپانی بحری بیڑے کے کمانڈر کو یاما موتو کا تکبر:

جاپانی بحری بیڑے کے کمانڈر ''آئیسوروکو یاما موتو'' (Isoroku Yamamoto) نے بڑے تکبر سے کہا تھا کہ ہم گوام (Guam) اور فلپین (Phillipines) فتح کر لیں تو کافی نہیں۔ ہوائی اور امریکہ کا مغربی ساحلی شہر سان فرانسسکو (San Francisco) پر قبضہ کر لیں تو کافی نہیں، بلکہ ہمیں امریکہ کے مشرقی ساحل واشنگٹن (Washington) تک مارچ کرنا چاہیے اور معاہدے پر وائٹ ہاؤز (White Home) میں دستخط ہونے چاہیے۔

18 اپریل 1943ء کو ''یاما موتو'' (Yamamoto) کے جہاز کو، امریکہ نے مار گرایا اور یہ ہلاک ہو گئے۔

چار ہزار سال پہلے قومِ عاد نے بھی اسی طرح کے تکبر کا مظاہرہ کیا تھا۔ قرآن کہتا ہے:

﴿فَأَمَّا عَادٌ	''جہاں تک قومِ عاد کا تعلق ہے
فَاسْتَكْبَرُوا فِي الْأَرْضِ بِغَيْرِ الْحَقِّ	تو اُنہوں نے زمین پر ناحق تکبر کا مظاہرہ کیا
وَقَالُوا	اور اکڑ کر کہنے لگے:
مَنْ أَشَدُّ مِنَّا قُوَّةً	دُنیا میں قوت کے اعتبار سے ہم سے بڑا کون ہے؟
أَوَلَمْ يَرَوْا أَنَّ اللَّهَ الَّذِي خَلَقَهُمْ	کیا وہ نہیں دیکھتے تھے کہ اللہ تعالیٰ نے ان سب کو پیدا کیا ہے
هُوَ أَشَدُّ مِنْهُمْ قُوَّةً	اور قوت کے اعتبار سے، وہی سب سے بڑا ہے
وَكَانُوا بِآيَاتِنَا يَجْحَدُونَ﴾	قومِ عاد اور قومِ عاد کے لوگ ہمارے دلائل کا انکار کیا کرتے تھے۔''

(حم السجدہ:15)

دُنیا میں ایک سے ایک، بڑی سے بڑی طاقتیں اُبھریں اور ڈوب گئیں۔ اللہ تعالیٰ ہی ایک قوم کو ہلاک کر کے دوسری قوم لے آتا ہے۔ قومِ نوح کو ہلاک کر کے اُس نے قومِ عاد کو اقتدار دیا۔ وہ متکبر ہوئے تو قومِ عاد کو ہلاک کر کے قومِ ثمود کو اقتدار بخشا۔ قومِ ثمود نے بڑائی کا مظاہرہ کیا تو اُن کو ہلاک کیا۔ پھر حضرت لوطؑ کی ہم جنس پرست قوم کو ہلاک کیا گیا۔ پھر حضرت شعیبؑ کی قوم کو ہلاک کیا گیا۔ پھر فرعون اور ہامان کو اُن کے لشکروں کے ساتھ غرق کیا گیا۔

افسوس! قرآن کی سچی تاریخِ ہلاکت سے عبرت و نصیحت حاصل کرنے کے لیے، نہ تو شکست خوردہ جاپان تیار ہے اور نہ فاتح امریکہ اور نہ دوسری بڑی عالمی قومیں۔

دورۂ جاپان

25 دسمبر 2024ء کو میں اسلام آباد سے تھائی ائیرویز کے ذریعے بینگ کاک کے لیے روانہ ہوا۔ وہاں دو گھنٹے کا قیام تھا، جس کے بعد مجھے توکیو کے لیے دوسرا جہاز پکڑنا تھا۔ یہ سفر خاصا طویل رہا۔ اسلام آباد کے گھر سے نکلنے اور جاپان کی ہوٹل پہنچنے تک پورے چوبیس گھنٹے لگتے ہیں۔ آدمی اچھا خاصا تھک جاتا ہے۔

پہلا دن جمعرات، 26 دسمبر 2024ء:

26 دسمبر 2024ء بروز جمعرات شام کے چھ بجے، میں اسلام آباد سے براستہ بینگ کاک (تھائی لینڈ) توکیو (Tokyo) پہنچا۔ اسلامک سرکل آف جاپان (ICOJ) کی دعوت پر یہ میرا دوسرا دورہ تھا۔ چھ سال پہلے 2018ء میں جاپان آ چکا تھا۔

مجھے ائیرپورٹ پر کوئی دشواری عموماً پیش نہیں آتی، لیکن ہر جگہ یہ ضرور پوچھا جاتا ہے کہ آپ کا قیام کہاں ہوگا؟ اچھا ہوا کہ میں نے آمد سے پہلے ایک دعوت نامے کا خط منگوا لیا تھا، جس میں یہ لکھا تھا کہ میں ''تربیتی کانفرنس'' کا (Chief Guest Speaker) چیف مہمان مقرر ہوں۔

کچھ احباب جانے پہچانے تھے۔ اس مرتبہ بہت سے نئے لوگوں سے تعارف حاصل ہوا۔ ائیرپورٹ پر جناب وقار باجوا صاحب اور میرے شاگرد مزمل فیاض موجود تھے۔ مزمل فیاض نے رمضان 1444ھ (2023ء) میں پورا ایک مہینہ میرے ساتھ گزارا تھا۔ اس کورس میں قرآن کے کچھ تمہیدی لیکچر دیے گئے تھے اور الحمد سے والناس تک ترجمہ اور مختصر تفسیر پڑھائی گئی تھی۔ انہیں دیکھ کر بڑی خوشی ہوئی۔ ائیرپورٹ سے ہمیں اویاما (Oyama) جانا تھا۔ یہ سفر دو گھنٹے میں طے ہوا۔ راستے میں وقار باجوا صاحب سے دلچسپ گفتگو ہوتی رہی۔

ائیرپورٹ سے اویاما کا فاصلہ تقریباً 125 کلومیٹر تھا، جو تقریباً دو گھنٹے میں طے ہوا۔

اویاما پہنچ کر ہم نے ''لاہور کھابا'' ریسٹورنٹ میں رات کا کھانا کھایا۔ یہاں جناب عشرت ہاشمی صاحب، نائب امیر اسلامک سرکل آف جاپان بھی شریک ہو گئے۔ عشرت بھائی سے پچھلی مرتبہ ملاقات نہیں ہو سکی تھی۔ اس مرتبہ اُنہیں کے ذمے میری مہمانی تھی۔ کھانے پر بھی احباب سے گفتگو رہی۔ تھوڑی دیر بعد مولانا حافظ عبدالغفار صاحب بھی شریک ہو گئے۔ ان کا تعلق لیہ سے ہے۔ ''لاہور کھابا'' کے ساتھ ہی (Oyama Grand Hotel) اویاما گرینڈ ہوٹل میں میری رہائش کا انتظام کیا گیا تھا۔ بتایا گیا کہ قریب ہی ''باب الاسلام مسجد'' ہے، جس کے موجودہ امام مولانا حافظ عبدالغفار صاحب ہیں۔ احباب مجھے ہوٹل چھوڑ کر اپنے اپنے گھر روانہ ہو گئے۔ بتایا گیا کہ مجھے کل نمازِ جمعہ کے لیے کوئی ساتھی ہوٹل سے آ کر لے جائیں گے۔

صبح اُٹھ کر ہوٹل میں ناشتہ کیا۔ حافظ عبدالغفار صاحب بھی ناشتہ لے آئے تھے، لیکن میں ناشتہ کر چکا تھا۔ جاپانی ہوٹلوں کا مسئلہ یہ ہے کہ یہاں حرام وحلال کا خاص خیال رکھنا پڑتا ہے۔ کمبخت سلاد میں بھی خنزیر کا گوشت ڈال دیتے ہیں۔ ڈبل روٹی، جوس، مکھن، جام، کافی یا چائے سے زیادہ ہمیں کیا چاہیے۔

دوسرا دن جمعہ، 27 دسمبر 2024ء:

دوسرے دن جمعہ تھا۔ اقبال بھائی مجھے لینے کے لیے آئے تھے۔ ہماری اگلی منزل ''جامع مسجد اقراء''، کھانوما تھی۔

اویاما سے کھانوما کا فاصلہ تیس کلو میٹر ہے۔ پچاس منٹ میں یہ سفر مکمل ہوا۔ حافظ ذوالفقار صاحب بھی اویاما کی مسجد باب الاسلام میں بہت فعال اور متحرک ہیں۔ حافظ ذوالفقار صاحب کا تعلق گوجرانوالہ سے ہے اور یہ اسلامک سرکل کے نائب امیر بھی ہیں۔

کھانوما (Kanuma) کا شہر، ضلع توچیگی (Tochigi) میں واقع ہے۔ جاپان میں اَضلاع کو پری فیکچر (Prefectures) کہا جاتا ہے۔ پورے جاپان کو سینتالیس (47) پری فیکچرز میں تقسیم کیا گیا ہے۔

جامع مسجد اقراء، کھانوما کے امام مولانا حافظ زبیر صاحب ہیں۔ پاکستان کی طرح یہاں بھی پاکستانیوں کی مساجد میں پہلے بیٹھ کر اردو میں تقریر کی جاتی ہے، پھر دو تین منٹ کے رٹے رٹائے روایتی عربی خطبے دیے جاتے ہیں۔ میری کوشش یہ ہوتی ہے کہ اس روایت کو ہر جگہ، ہر ملک میں بدلوں۔ بیٹھ کر لمبی تقریر کی بدعت کو سنت سے بدلوں۔ چنانچہ میں نے لوگوں سے کہہ دیا کہ لوگ سنتیں پہلے پڑھ لیں۔

پہلا خطبہ شروع کیا تو میں نے محسوس کیا کہ کچھ انڈونیشی اور دیگر بھائی ایسے ہیں، جو اُردو نہیں سمجھتے۔ میں نے ضروری باتوں کو اُردو کے ساتھ ساتھ انگریزی میں بھی دہرا دیا۔

جمعے کا خطبہ اور نماز:

جن ممالک میں عربی نہیں سمجھی جاتی، وہاں پہلا خطبہ 'مقامی زبان' میں دیا جانا چاہیے۔ مقامی زبان انگریزی، فرنچ، جاپانی، ہسپانوی (Spanish)، فارسی، بنگالی، اُردو، ملیالم، تامل، کنڑی، تلگو یا آفریقی وغیرہ ہو سکتی ہے۔ دوسرا خطبہ عربی زبان میں دیا جا سکتا ہے۔ خطبے کا اصل مقصد مسلمانوں کی رہنمائی ہے۔ اُن کے لیے پیغام ہے۔ اُن کی تعلیم اور اُن کی تربیت ہے۔ خطبہ محض ایک رسم نہیں، بلکہ ایک اہم فریضہ ہے۔

ہمارے ملک کے بے لگام خطیبوں کی وجہ سے لوگ، ان کی لمبی تقریریں سننا نہیں چاہتے۔ آخری وقت میں شریک ہو کر بس نماز کی خانہ پری کر لیتے ہیں۔ جمعے کی اصل روح مفقود ہو چکی ہے۔ البتہ جہاں خطیب تیاری کر کے آتا ہے، وہاں لوگوں کی خواہش ہوتی ہے کہ وقت سے پہلے مسجد آ کر خطبہ سننے کی سعادت حاصل کی جائے۔

پہلے خطبے کے لیے ضروری ہے کہ اُس میں سب سے پہلے اللہ تعالیٰ کی حمد وثناء ہو، پھر اُس کے بعد رسول اللہ ﷺ پر درود و سلام ہو، پھر اُس کے بعد قرآن کی آیات اور صحیح احادیث کی روشنی میں حالاتِ حاضرہ کا جائزہ اور تبصرہ ہو۔ مسلمانوں کے لیے لائحۂ عمل ہو۔ پیغام ہو۔ مسلم ممالک میں جمعہ کا خطبہ حکومتی پالیسیوں کا ترجمان ہو۔ خطبہ بنیادی طور پر خلیفہ اور اُس کے مقرر کردہ نائبین کی ذمہ داری ہے، جو اسلامی حکومت کو درپیش چیلنجز کی وضاحت کرتے ہیں اور عوام الناس سے معروفات میں تعاون طلب کرتے ہیں۔

دوسرے خطبے میں اللہ تعالیٰ کی حمد وثناء اور رسول اللہ ﷺ پر درود وسلام کے بعد اُمتِ مسلمہ کے لیے دُعائیں ہوں۔

نماز لمبی ہو اور اطمینان سے پڑھائی جائے۔ رسول اللہ ﷺ پہلی رکعت میں سورۃ الفاتحہ کے بعد سورۃ الاعلیٰ اور دوسری رکعت میں سورۃ الفاتحہ کے بعد سورۃ الغاشیہ پڑھا کرتے تھے۔ رکوع وسجود اور قیام وقعود میں بھی سکون اور اعتدال ہو۔ جلد بازی میں نماز نہ پڑھائی جائے۔

خطیب کو چاہیے کہ بھرپور تیاری کر کے خطبہ دے۔ آغاز میں خطبے کا موضوع بتا دے۔ پورا خطبہ موضوع سے متعلق رہے۔ بلاحوالہ، بلاسند، سنی سنائی باتیں، من گھڑت قصے وغیرہ نہ بیان کرے۔

نماز کے بعد کھانے کا انتظام کیا گیا تھا۔ مسجد سے پیچھے ہی اسلامک سرکل کا خرید کردہ ایک مکان ہے، جہاں خواتین کے دروس ہوتے ہیں۔ یہاں سے ہم منور چوہدری صاحب کے ساتھ ''مسجد رِیاضُ الجَنَّة'' پہنچے۔ منور چوہدری صاحب اسلامک سرکل آف جاپان کے سیکرٹری (قیم) ہیں۔ ان کی اپنی رہائش تونکو (Nikko) کے علاقے میں ہے۔

مسجد رِیاضُ الجَنَّة بہت دور واقع ہے۔ یہ ناسوشیوبارہ (Nasushiobara) میں ہے۔ کھانوما سے ناسوشیوبارہ کا فاصلہ تو تقریباً ایک گھنٹہ ہے، لیکن احباب چاہتے تھے کہ مجھے جاپان کا پہاڑی علاقہ بھی دکھایا جائے، چنانچہ وہاں پہنچنے تک ہمیں دو ڈھائی گھنٹے لگ گئے۔ یہاں کے امام حافظ حبیب صاحب ہیں، جن کا تعلق سرگودھا سے ہے۔ اسی مسجد میں اسلامک سرکل آف جاپان کے امیر ملک امانت علی صاحب سے ملاقات ہوئی۔ ان کا تعلق سیالکوٹ سے ہے، لیکن بہت عرصے سے گوجرانوالہ میں مقیم ہیں۔ نہایت خوش اخلاق آدمی ہیں۔ ہر وقت متبسم رہتے ہیں۔ یہاں پہنچ کر ہم نے مغرب کی نماز پڑھی۔

سورۃ الرحمٰن کا درس:

نماز کے بعد میں نے مکمل سورۃ الرحمٰن کا درس دیا۔ لوگوں کے سوالات کے جوابات دیے۔ عشاء کی نماز پورے جاپان میں لوگوں کی سہولت کے پیشِ نظر آٹھ بجے یا ساڑھے آٹھ بجے تاخیر سے پڑھی جاتی ہے۔ یہاں بھی کھانے کا انتظام تھا۔

اب دُنیا کے تمام امیر ممالک میں، جہاں مسلمان بحیثیت اقلیت مقیم ہیں، ہر پروگرام کے موقع پر کھانے کا انتظام کیا جاتا ہے۔ اس کی پہلی وجہ تو یہ ہے کہ لوگ طویل فاصلہ طے کر کے مسجد آتے ہیں اور کھانے کا وقت ہو جاتا ہے۔ دوسرا سبب یہ ہے کہ لوگوں کے ہاں معاشی آسودگی ہے۔

یہاں پر کراچی کے سید قمر علی صاحب سے بھی کھانے پر گفتگو رہی۔ انہوں نے اگلے پروگراموں میں شرکت کا وعدہ کیا اور وعدے کو نبھایا۔ رات دیر گئے اویاما گرینڈ ہوٹل (Oyoma Grand Hotel) پہنچا۔

تیسرا دن ہفتہ، 28 دسمبر 2024ء:

آج تیسرا دن ہے۔

ساتھی مجھے لینے کے لیے اویاما ہوٹل پہنچ گئے۔ ہماری منزل میتو (Mito) ہے۔ میتو ایک ساحلی شہر ہے، جو توکیو کے شمال میں واقع ہے۔ اویاما سے میتو کا فاصلہ تقریباً اسی (80) کلومیٹر ہے۔ میتو شہر، ضلع ایبارا کی (Ibaraki Prefecture) میں واقع

ہے۔ یہ فاصلہ ڈیڑھ گھنٹے میں طے ہوا۔ ہماری میہمانی کے ذمے دار جناب عشرت ہاشمی صاحب بھی اسی علاقے میں رہتے ہیں۔ عشرت بھائی بھی اسلامی سرکل آف جاپان کے نائب امیر ہیں اور رکنِ شوریٰ بھی ہیں۔ انھوں نے بتایا کہ ہمیں سب سے پہلے سعید بیگ صاحب کے گھر جانا ہے۔ سعید بھائی بھی نائب امیر ہیں۔ یہاں پر ہائی ٹی (High Tea) کا اہتمام تھا۔ سعید بیگ صاحب کے اہلِ خانہ سے بھی ملاقات رہی۔ سعید بھائی نے بہت سارے سوال کیے۔ میں نے اپنی بساط کے مطابق جوابات دیے۔

یہاں سے ہمیں مسجد ابوبکر صدیق، میتو (Mito) میں جانا تھا۔ یہاں کے امام حافظ عبدالوہاب صاحب ہیں۔ ان کا تعلق کوٹ اَدّو، مظفر گڑھ سے ہے۔ اس علاقے میں ہمارے دلچسپ دوست الیاس خان صاحب رہتے ہیں۔ الیاس خان صاحب کراچی کے پٹھان ہیں۔ ان کی اہلیہ جاپانی ہیں اور دین کی ایک اچھی مبلغہ ہیں۔ اللہ تعالیٰ نے انہیں صالح اولاد سے نوازا ہے۔ یہ ایک ایسا خاندان ہے، جسے بہت حد تک مثالی کہا جاسکتا ہے۔ اِن کی اہلیہ سے ICNA کے سالانہ کنونشن، بالٹی مور، امریکہ میں بھی ملاقات ہوئی تھی۔

قرآن سے تعلق کی اہمیت اور ضرورت:

مجھ سے کہا گیا کہ مسجد میں قرآن سے تعلق کی اہمیت اور ضرورت پر گفتگو کروں۔ میں نے حکم کی تعمیل کی۔

اس موقع پر بہت سے بچوں نے قرآن سنایا۔ ان میں الیاس خان صاحب کا جاپانی بیٹا بھی شامل تھا۔ بچوں میں حفظِ قرآن کا شوق دیکھ کر ہمیشہ کی طرح بے حد خوشی ہوئی۔ ہمیشہ کی طرح یہ سوچتا ہوں کہ اے کاش! حفظ کرنے والے یہ طلبہ، عربی زبان سیکھ لیں اور قرآن وسنت کے پیغام کو سمجھ کر اچھے داعی اور مبلغ بن جائیں۔

یہاں ایک نوجوان نے ایسا کلام پڑھا، جس سے صاف شرک کی بدبو محسوس ہورہی تھی۔ تحریکی ذمے داران اور مربی حضرات کی ذمے داری ہے کہ صرف وہی کلام اور وہی شاعری حفظ کرائیں، جو خالص ''توحید کا ترجمان ہو۔''

مشرکانہ نعت اور مشرکانہ منقبتوں کو پڑھنے کی اجازت نہ دی جائے۔

حسبِ دستور یہاں بھی پروگرام کے بعد، رات کے کھانے کا اہتمام تھا۔ مجھے مجبور کیا گیا تو میں نے بھی دو چار نوالے کھا لیے۔

ہمیں واپس ہوٹل پہنچنا تھا اور کافی دیر ہو چکی تھی۔

رات دیر گئے اویاما گرینڈ ہوٹل واپسی ہوئی۔

چوتھا دن اتوار، 29 دسمبر 2024ء:

آج اتوار ہے۔ آج کا دن بہت اہم ہے۔ ہماری ہوٹل سے قریب ہی (Oyama, Tochigi) میں مسجد باب الاسلام ہے، جہاں کے امام حافظ عبدالغفار صاحب ہیں، جن کا تذکرہ پہلے ہو چکا ہے۔

آج اسی مسجد میں ''تربیتی کانفرنس'' ہے۔

یہ تربیتی کانفرنس، اسلامی سرکل آف جاپان ہر سال کسی تعطل کے بغیر منعقد کرتا ہے۔

تربیتی کیمپ کا موٹو:

تربیتی کیمپ کا موٹو، سورۃ آل عمران آیت 102 تا 110 ﴿یَا اَیُّھاالَّذِینَ آ مَنُو اتَّقُو اللّٰہَ حَقَّ تُقَاتِہٖ﴾ کی روشنی میں، ''اسلامی تنظیم اور اُمتِ مسلمہ کا مقصدِ وجود'' ہے۔

آج میرے ذمے چار پروگرام ہیں۔ دو پروگرام ''مسجد باب الاسلام'' کے بڑے ہال میں ہیں، جہاں میرے علاوہ بھی اور مقررین ہیں۔ ایک پروگرام خواتین کے ساتھ ہے اور ایک پروگرام نوجوانوں کے ساتھ ہے۔

حسین خان لائبریری:

مسجد باب الاسلام میں ''حسین خان مرحوم'' کے نام سے ایک لائبریری قائم کی گئی ہے۔ مرحوم حسین خان مولانا مودودیؒ کے ابتدائی ساتھیوں میں سے تھے اور جاپان میں تحریکی کام کی بنیاد انہوں نے ہی رکھی تھی۔ اللہ تعالیٰ ان کے کام کو قبول فرمائے۔

ان کی مغفرت فرمائے اور انہیں جنت الفردوس کا اعلیٰ درجہ نصیب کرے۔

اسلامک سرکل آف جاپان کی کتابوں کے ذمے دار جناب ہارون قریشی ہیں۔ انہوں نے کہا کہ اپنے ساتھ اپنی کتابوں کا ایک سیٹ لے آؤں۔ یہ کتابیں ہم ''مسجد باب الاسلام'' کی ''حسین خان'' لائبریری میں رکھ دیں گے۔ میں نے یہ کتابیں احباب کے حوالے کیں۔ معلوم ہوا کہ لوگ کانفرنس میں کتابوں پر جھپٹ پڑے۔ مولانا عبدالغفار صاحب نے دوسرے دن بتایا کہ لائبریری کے لیے کوئی کتاب نہیں بچی۔ شکیل عباسی صاحب، جو عربی زبان سے دلچسپی رکھتے ہیں، شکایت کر رہے تھے کہ اُنہیں ''قواعدِ زبانِ قرآن'' کی صرف ایک جلد ملی ہے۔ وہ دوسری جلد کے متلاشی تھے۔

اسلام آباد سے جاپان جانے والے احباب اپنے ساتھ میری کتابیں لے جا سکتے ہیں۔

پروگرام سے رضوان گوندل صاحب، قیم منور چوہدری صاحب، امیر ملک امانت علی صاحب کے علاوہ علمائے کرام نے بھی خطاب کیا۔ نوجوانوں نے ولولہ انگیز تقریریں کیں، جن سے میں بہت متاثر ہوا۔ میں نے مختلف مقامات پر واشگاف الفاظ میں یہ بات دہرائی کہ جاپان میں اسلام کا مستقبل ان نوجوانوں ہی سے وابستہ ہے، جو قرآن و سنت کو سمجھ کر جاپانی زبان میں دعوت و تبلیغ کا کام کریں گے۔ مجھے پہلا موضوع، ''دیارِ غیر میں مسلم والدین اور نوجوانوں کیلئے چیلنجز اور ان کا حل۔'' دیا گیا تھا۔

﴿قُــوا ا نــفُسَکُم وَ اَھلِیکُم ناراً﴾ کی روشنی میں گفتگو کی گئی۔ دیارِ غیر میں جو لوگ جا کر آباد ہو جاتے ہیں، اُن کے سامنے سب سے پہلا مسئلہ تو روزگار کا ہوتا ہے۔ اچھی ملازمت یا اچھا کاروبار چل پڑے تو پھر آدمی دین کی طرف توجہ کرتا ہے۔

دیارِ غیر میں تحریکی کام کے مرحلے:

دیارِ غیر میں آباد ہونے والے اولاً ''حلال گوشت'' اور ذبیحہ کے لیے فکر مند ہو جاتے ہیں۔ پہلے مرحلے میں مساجد تعمیر کرتے ہیں۔ دوسرے مرحلے میں دس پندرہ سال بعد، قبرستان کے لیے زمین خرید لیتے ہیں۔ تیسرے مرحلے میں اسلامی اسکول کی باری آتی ہے۔ اس کے بعد گاڑی رک سی جاتی ہے۔ آئندہ کے لیے کوئی لائحہ عمل نہیں ہوتا۔ اکثر ملکوں میں مسلمانوں اور غیر مسلموں میں اسلام کی

دعوت اور تبلیغ کی کوئی منظم کوشش سامنے نہیں آتی ۔ حالانکہ چوتھے مرحلے میں ،عربی زبان کی تعلیم اور کالجوں اور یونیورسٹیوں کا قیام ضروری ہوتا ہے۔ پانچویں مرحلے میں اسلامی کوآپریٹوز سوسائٹیز کا قیام ہے، جہاں سے لوگوں کو غیر سودی بنیادوں پر سہولتیں فراہم ہوں۔ آخری دو مرحلوں پر پیش رفت اس لیے نہیں ہوتی کہ قیادت میں اہلِ علم ،اہل رائے اور صاحبِ نظر افراد کی کمی ہوتی ہے۔

اسلام کی دعوت خاندانی نہیں ہے:

میں نے حاضرین کو بتایا کہ ہمیں جاپان کے نئے ماحول میں مقامی لوگوں میں اسلام کی دعوت کا کام کرنا ہے۔ اسلام کی دعوت خاندانی نہیں ہے۔ حضرت آدمؑ کے ایک بیٹے نے دوسرے بیٹے کو قتل کر دیا۔ ایک ظالم تھا اور دوسرا مظلوم۔(المائدہ:30)

حضرت نوحؑ کا بیٹا ''کنعان'' اسلام اور ایمان کی سعادت سے محروم رہا۔ حضرت نوحؑ کہتے ہی رہے۔'' اے میرے پیارے بیٹے! ہمارے ساتھ کشتی میں سوار ہو جا۔'' لیکن وہ کہنے لگا کہ میں پہاڑی پر چڑھ جاؤں گا۔ ابھی باپ اور بیٹے کے درمیان یہ مکالمہ جاری تھا کہ یکا یک ایک موج دونوں کے درمیان حائل ہوگئی اور حضرت نوحؑ کا بیٹا غرق ہو گیا۔(ھود:43-42)

حضرت نوحؑ اور حضرت لوطؑ دونوں اللہ تعالیٰ کے جلیل القدر انبیاء تھے۔ لیکن ان دونوں کی بیویاں دوزخ میں داخل ہوں گی۔(التحریم:10)

اس کے برخلاف دشمنِ خدا فرعون کی بیوی، حضرت آسیہ بنتِ مزاحمؓ جنت میں جائیں گی۔(التحریم:11)

حضرت ابراہیمؑ کا باپ آزر، مشرک تھا۔ اس نے حضرت ابراہیمؑ کو سنگسار کرنے کی دھمکی دی تھی۔(مریم:46)

رسول اللہ ﷺ کے دادا **عبدالمُطَّلِب** کے دس(10) بیٹے تھے۔ جب آپؐ نے دعوت پیش کی تو آپ کے چار(4) چچا زندہ تھے۔ ابولہب، ابوطالب، حمزہؓ اور عباسؓ۔ دو نے اسلام قبول کیا اور دو کی وفات شرک پر ہوئی۔ ابولہب کا نام لے کر قرآن میں کہا گیا کہ وہ اور اُس کی بیوی دونوں دوزخ میں ہوں گے۔(سورۃ اللھب)۔

جب ابوطالب کی وفات کا وقت آیا تو اُن کے سرہانے جہاں خود رسول اللہ ﷺ موجود تھے، وہی دشمنِ خدا ابوجہل بھی موجود تھا، عبداللہ بن ابی اُمیہ بھی موجود تھا۔ رسول اللہ ﷺ بار بار کہتے:'' اے میرے چچا **لَا اِلٰـہَ اِلَّا اللّٰہُ** کہہ دیجئے۔ میں اللہ تعالیٰ سے آپ کے بارے میں جھگڑا کروں گا۔'' لیکن ابوجہل اور ابن ابی اُمیہ دونوں یہی کہتے رہے کہ کیا اپنے والد **عبدالمُطَّلِب** کے مذہب کو چھوڑ دو گے؟ چنانچہ ابوطالب نے آخری الفاظ یہی ادا کیے کہ میں اپنے والد **عبدالمُطَّلِب** کے دین پر مرتا ہوں۔(صحیح بخاری:3,884)

چنانچہ ابوطالب کو دوزخ میں ہلکا عذاب دیا جائے گا۔((**فَيُجْعَلُ فِى ضَحْضَاحٍ مِنَ النَّارِ يَبْلُغُ كَعْبَيْهِ يَغْلِى مِنْهُ دِمَاغُهُ**)) ان کے ٹخنوں کو آگ میں رکھا جائے گا، جس سے ان کا دماغ کھولے گا۔(صحیح بخاری:3,885)

میرے بھائیو!

ہمیں جاپانی غیر مسلموں تک دعوت پہنچانی ہے۔ جس نے اسلام قبول کر لیا، وہ ہمارا بھائی ہے۔ ہمارا جو بھائی دین چھوڑ دیتا ہے اور مرتد ہو جاتا ہے تو پھر وہ ہمارا بھائی نہیں رہتا۔ **لَا اِلٰـہَ اِلَّا اللّٰہُ** کی دولت سے غیر بھی اپنا ہو جاتا ہے۔ دین چھوڑ دے تو اپنا بھی

غیر ہو جاتا ہے۔ یہاں ہم صرف دولت کمانے کے لیے نہیں آئے۔ اللہ تعالیٰ نے ہمیں یہاں جاپان دعوت کے لیے بھیجا ہے۔

اگر آپ کمانے کی نیت سے آئے ہیں، تب بھی اپنی نیت تبدیل کر لیجئے۔ اللہ تعالیٰ سے کہیے کہ آج سے بقیہ زندگی مرنے تک ''دعوت کے لیے'' وقف ہوگی۔

خواتین سے خطاب:

مجھے دوسرا موضوع ''خواتین کے آپس کے تعلقات، سورۃ الحجرات کی روشنی میں'' دیا گیا تھا۔

میں نے اپنی گفتگو بہت ہی مختصر رکھی اور جان بوجھ کر کہا کہ یہ سوال و جواب کی نشست ہے۔ میں یہ جاننا چاہتا تھا کہ جاپان میں مسلمان خواتین کے کیا مسائل ہیں؟ امریکہ اور یورپ کی طرح یہاں کی مسلمان خواتین کام نہیں کرتیں۔ زیادہ تر گھر ہی پر رہتی ہیں۔ ان کے بنیادی مسائل بھی وہی ہیں، جو پاکستان میں ہیں۔ بیویوں کی مار پیٹ، ایک وقت کی تین طلاقیں، عورتوں کو جائیداد سے محروم رکھنا، مہر سے محروم رکھنا وغیرہ وغیرہ۔ میں نے خواتین سے کہا کہ وہ دین کا علم حاصل کریں اور اللہ تعالیٰ نے عورتوں کو جو حقوق دیے ہیں، اُن سے مکمل واقفیت حاصل کریں۔ اپنے حقوق کے لیے جدوجہد کریں۔ ظلم اور استحصال کا شکار نہ بنیں۔ مسجد سے خود کو جوڑیں۔ فجر سے ظہر تک مسجدیں خالی رہتی ہیں۔ اس وقت کو خواتین کی دینی تعلیم کے لیے استعمال کیا جاسکتا ہے۔ ایک منچلے شوہر نے تبصرہ کرتے ہوئے فرمایا اگر چشتی صاحب یہاں خواتین کو دو چار لیکچر اور دے دیں تو ہماری عورتیں مطالبات کی فہرست لے کر سامنے آجائیں گی۔

نوجوانوں سے خطاب:

تیسرا پروگرام نوجوانوں کے ساتھ مخصوص تھا۔ ایک طرف لڑکیاں اور دوسری طرف لڑکے تھے درمیان میں پردہ۔ یہ پروگرام مسجد کے احاطے ہی میں واقع اسکول کی عمارت میں ہوا۔ پروگرام میں خاص طور پر مزمل فیاض، عمار جمیل احمد، اعیان اور الیاس خان صاحب کی اہلیہ بہن روبی خان اور اُن کے بچوں نے شرکت کی۔ پروگرام انگریزی اور جاپانی دونوں زبانوں میں ہوتا رہا۔ میری گفتگو کے نکات کو مزمل فیاض اور عمار جمیل جاپانی میں منتقل کرتے رہے۔ مجھے اس پروگرام ہی سے خاص دلچسپی تھی۔ میری اُمیدوں کا مرکز اور محور نوجوان ہی ہوتے ہیں۔ مجھے اُمید ہے کہ جو باتیں میں نے کہیں، اُن کے بارے میں نوجوان سنجیدگی سے غور کریں گے۔ اعیان نے الحاد اور انکارِ دین کے حوالے سے یونیورسٹیوں میں بڑھتے ہوئے رجحانات کے بارے میں سوال کیے۔ میں نے اُنہیں بتایا کہ قرآنِ مجید ''کتاب الدلائل'' (Book of evidences) ہے۔ قرآنِ مجید، اللہ کی توحید کے بارے میں بھی بار بار دلیلیں پیش کرتا ہے اور امکانِ آخرت اور جنت ودوزخ کے یقینی ہونے کے بارے میں بھی تاریخی، عقلی، آفاقی اور انفسی ثبوت فراہم کرتا جاتا ہے۔

مسجد میں عام خطاب:

آج کے دن میرا چوتھا پروگرام، دوبارہ مسجد باب الاسلام کے وسیع ہال میں تھا۔

پروگرام کا موضوع ''**اسلامی تنظیم اور اُمتِ مسلمہ کا مقصدِ وجود**'' تھا۔

میں نے سورۃ آل عمران کی آیات 102 تا110 کی روشنی میں مندرجہ ذیل نکات رکھے۔

(1) اسلامی اُمت کی تنظیمی بنیاد ''تقویٰ'' پر رکھی گئی ہے۔ ﴿اتَّقُوا اللّٰہ حَقَّ تُقاتِہٖ﴾

(2) مسلمان کو موت تک اللہ کے احکامات پر عمل کرنا ہوگا۔ ﴿وَلَا تَمُوتُنَّ اِلَّا وَاَنتُم مُسلِمُون﴾

(3) تمام مسلمانوں کو مل کر اللہ کی رسی کو پکڑنا ہوگا۔ ﴿وَاعتَصِمُوا بِحَبلِ اللّٰہِ جَمِیعًا﴾

انفرادی تعلق باللہ سے آگے کی بھی منزلیں ہیں۔

(4) دعوت ایک انفرادی فریضہ بھی ہے اور ایک اجتماعی فریضہ بھی۔ اس لیے کہا گیا کہ ﴿وَلتَکُن مِنکُم اُمَّۃٌ یَّدعُونَ اِلَی الخَیرِ﴾ ''تم میں ایک ایسی جماعت ضرور ہونا چاہیے، جو نیکی کی طرف دعوت دے اور جو برائیوں سے روکے، ایسے ہی لوگ فلاح پانے والے ہیں۔'' معلوم ہوا کہ اسلام کی دعوت کو عام کرنا اسلامی جماعتوں پر بھی ''فرضِ کفایہ'' ہے اور ''اسلامی حکومتوں'' پر بھی۔

(5) مسلمانوں کو تاکید کی گئی: ﴿وَلَا تَکُونُوا کَالَّذِینَ تَفَرَّقُوا وَاختَلَفُوا مِن بَعدِ مَآ جَآءَ تھُم البَیِّنات﴾ وہ یہود ونصاریٰ کی طرح ''علم'' اور ''بینات'' آجانے کے باوجود، جانتے بوجھتے دانستہ اختلاف نہ کریں اور تفرقے میں نہ پڑیں، ایسے لوگوں کے لیے بڑا عذاب ہوگا۔ قیامت کے دن کامل انصاف ہوگا۔ انصاف ہی کی بنیاد پر لوگ جنت اور دوزخ میں جائیں گے۔ اللہ تو کسی انسان کے ساتھ بھی ظلم نہیں کرتا۔

(6) مسلمان اب ''خیرِ اُمت'' ہیں۔ بہترین قوم ہیں۔ ﴿کُنتُم خَیرَ اُمَّۃٍ اُخرِجَت لِلنَّاس﴾ مسلمانوں کو دوسرے انسانوں کی ہدایت کے لیے آخری رسول کی آخری اُمت بنا کر، آخری کتاب کے ساتھ دعوت کی ذمہ داری سونپی گئی ہے۔

(7) مسلمان اُس وقت تک خیرِ اُمت ہیں، جب تک وہ اللہ پر کامل ایمان رکھیں گے، نیکیوں کا حکم دیں گے اور برائیوں سے روکیں گے۔ ﴿تأمرُوْن بالمعروف ، وتَنھون عن المُنکر ، وتؤمِنُون باللّٰہ﴾

(8) ﴿وَلَو آمَنَ اھلُ الکِتَابِ لَکَانَ خَیراً لَھُم﴾

''اگر اہل کتاب بھی آخری رسول ﷺ اور آخری کتاب پر ایمان لے آتے تو اُن کے حق میں بہتر ہوتا۔''

دُنیا کی نصف سے زیادہ آبادی عیسائیوں کی ہے۔ مسلمانوں کے لیے ضروری ہے کہ وہ اہلِ کتاب میں دعوت کا کام کریں۔

(9) اہل کتاب میں سے کچھ لوگ سلیم الطبع ہیں، جو ایمان لے آئیں گے۔ ﴿مِنھُم المُؤمِنُون﴾

(10) ﴿واکثَرھُم الفَاسِقُون﴾ اہلِ کتاب کی اکثریت بدعمل اور نافرمان ہے۔ اِن کا فسق ان کے ایمان کی راہ میں رکاوٹ ہے۔ اُن کے لیے نہایت مشکل ہے کہ وہ اپنے ذاتی مفادات کو چھوڑ کر، سود، شراب اور جوئے کی آمدنی سے دست بردار ہو کر ایمان لے آئیں۔

پانچواں دن پیر، 30 دسمبر 2024ء:

آج میرا پانچواں دن ہے۔ آج مجھے نکو(Nikko) جانا ہے۔ اویاما(Oyama) سے نکو کا فاصلہ تقریباً 65 کلومیٹر ہے۔ وہاں پہنچنے میں سوا گھنٹہ لگتا ہے۔ نکو بھی ضلع توچیگی (Tochigi Prefecture) میں واقع ہے۔ نکو میں جناب منور چوہدری صاحب قیم اسلامی سرکل کا دولت خانہ ہے۔ اُنہوں نے ساتھیوں کے لیے ایک پُر تکلف لنچ کا اہتمام کیا تھا۔ جاپان میں بھی دیسی مرغ مل جاتے ہیں۔ ان کے ہاں جاپانی سیب کھانے کی سعادت بھی حاصل ہوئی۔ یہ بہت بڑے، خوشبودار اور نہایت لذیذ ہوتے ہیں۔ احباب کے ساتھ خوشگوار گفتگو رہی۔ شام کو توکیو میں میرا پروگرام رکھا گیا ہے۔ نکو(Nikko) سے توکیو(Tokyo) کا فاصلہ تقریباً 155 کلومیٹر ہے۔ دو گھنٹے کا وقت لگتا ہے۔

توکیو(Tokyo) میں سری لنکا کے باشندوں نے ایک مسجد اوکاچی ماچی(Okachimachi) کے علاقے میں تعمیر کی ہے۔ اس کے ذمہ دار جناب نذیر صاحب ہیں۔ پچھلی دورے میں بھی ان سے ملاقات ہوئی تھی اور یہاں میں نے ایک لیکچر بزبان انگریزی دیا تھا۔ اس مرتبہ بھی نمازِ مغرب کے بعد ایک لیکچر رکھا گیا، جس کے بعد سوال و جواب کی نشست ہوئی۔

توکیو کی مرکزی زیرِ تعمیر مسجد:

ہمارے سری لنکا کے مسلمان بھائی ایک عالی شان مسجد، توکیو میں تعمیر کرنے کا منصوبہ رکھتے ہیں۔

مجھ سے کہا گیا کہ میں اس مسجد کی تعمیر کے لیے انگریزی زبان میں ایک مختصر ویڈیو پیغام ریکارڈ کراؤں۔

یہ مسجد آٹھ دس منزلہ ہوگی۔ اس مسجد کا بجٹ 15 ملین ڈالر ہے۔ یعنی 4 ہزار 2 سو ملین روپے۔ یعنی 420 کروڑ روپے۔

جاپان میں اور بالخصوص توکیو میں جگہ کی قلت بھی ہے اور زمینیں مہنگی بھی ہیں۔ 120 مربع گز پر یہ عالی شان مسجد زیرِ تعمیر ہے۔

اس کی خصوصیت یہ ہوگی کہ اس میں ایک ڈیجیٹل اسلامی میوزیم ہوگا۔ بیرونی سَیَّاح اسلام کی دعوت کو سمجھ سکیں گے۔

نیچے دو کانیں ہوں گی۔ عورتوں اور مردوں کے لیے وضو اور نماز کا الگ الگ اہتمام ہوگا۔

سب سے بڑی خوشی کی بات یہ ہے کہ ایک پورا فلور ''دعوت'' کے لیے وقف ہوگا۔ نذیر صاحب غیر مسلموں میں دعوت کے لیے مشہور ہیں اور دل کی بات تو یہ ہے کہ یہی اصل کرنے کا کام ہے، جس سے اُمت کی اکثریت غافل ہے۔

یہ جدید اوکاچی ماچی مسجد ہوگی۔ اسے Masjid Central, Ku-ueno, Taito, Tokyo کا نام دیا جائے گا۔

اس مسجد کی تعمیر ان شاءاللہ دسمبر 2025ء سے پہلے پہلے مکمل ہو جائے گی۔

حسبِ معمول یہاں بھی نمازِ عشاء کے بعد شرکاء کے لیے ڈنر کا اہتمام کیا گیا تھا۔

رات گئے ہم ہوٹل پہنچے۔

چھٹادن منگل، 31 دسمبر 2024ء:

آج میرا چھٹا دن ہے۔ احباب مجھے لینے کے لیے اویاما گرینڈ ہوٹل آ گئے تھے۔ آج مجھے ہوٹل خالی کرنا تھا۔ چنانچہ سامان ساتھ لے لیا اور ہوٹل سے چیک آؤٹ کرا لیا۔ دنیا میں عام طور پر دن میں 2:00 بجے یا 1:00 بجے چیک آؤٹ ٹائم ہوتا ہے، لیکن جاپان میں 10:00 بجے یا 11:00 بجے صبح کمرہ خالی کرنا پڑتا ہے۔

سب سے پہلے ہم مسجد قباء پہنچے، جو (Tatebayashi) تاتے بیاشی شہر میں واقع ہے۔

شہر تاتے بیاشی، ضلع گما (Gunma Prefecture) میں واقع ہے۔

اویاما سے شہر تاتے بیاشی کا فاصلہ تقریباً 45 کلومیٹر ہے۔ ایک گھنٹے سے زیادہ کا وقت لگتا ہے۔

مسجد قباء سے بالکل قریب اُسی سڑک پر پچاس فٹ کے فاصلے پر اسلامی سرکل نے ایک اور پہلی عمارت خرید لی ہے۔

یہاں گمّا قرآن اکیڈمی (Gunma Quran Academy) قائم کی جائے گی۔ تفصیل آگے بیان کریں گے۔

یہاں شکیل عباسی صاحب سے ملاقات ہوئی۔ بہت ہی دلچسپ آدمی ہیں۔ علمی ذوق بھی رکھتے ہیں۔ مری سے تعلق ہے۔

قریب ہی ایک پاکستانی ''پامیر'' ریسٹورنٹ ہے۔ دوپہر کا کھانا احباب کے ساتھ کھایا۔ منور چوہدری صاحب جو اسلامک سرکل کے قیم ہیں، وہ بھی ہمارے ساتھ تھے۔

ترکی کی جامع مسجد میں خطاب:

ہماری اگلی منزل توکیو کی ترکی جامع مسجد ہے۔ ترکی جامع کو (Camii) لکھتے ہیں۔ یہ ایک شاندار عمارت ہے۔ اسے (Turkish Culture Center) بھی کہتے ہیں اور (Tokyo Camii & Diyanet) کے نام سے بھی معروف ہے۔

یہاں دو دن سے قراءت کے مقابلے ہو رہے ہیں۔ آج اس کا آخری دن ہے۔ جاپان کی تمام مساجد سے یہاں طلبہ اور اساتذہ موجود ہیں، جو حفظِ قرآن کے اس مقابلے میں حصہ لے رہے ہیں۔ حفظ اور تجوید کے ماہرین باریک بینی سے طلبہ کی قراءت کو سن رہے ہیں اور اُن کی غلطیوں کی نشان دہی کر رہے ہیں۔ ہم نے مغرب کی نماز یہیں پڑھی اور پھر نیچے ہال میں جا کر بیٹھ گئے، جہاں مقابلے ہو رہے تھے۔ آج سال کا آخری دن تھا۔ (New year night) ساری دُنیا سالِ نو کے ہنگاموں میں مگن تھی۔

مجھ سے کہا گیا کہ تقسیمِ انعامات کے بعد اختتامی خطاب کروں۔ شرکاء اور اساتذہ میں اکثریت تو پاکستانیوں کی تھی، لیکن ترکی، شام، مصر وغیرہ کے شیوخ بھی موجود تھے۔ میں نے مناسب یہی سمجھا کہ انگریزی میں گفتگو کروں۔ چنانچہ تورات، زبور اور انجیل کے مقابلے میں قرآنِ مجید کی اہمیت واضح کی۔ پچھلی کتابوں کی لفظی اور معنوی تحریفات پر روشنی ڈالی۔ حفظِ قرآن کی سعادت بیان کی اور پھر فہمِ قرآن کی اہمیت کو اجاگر کیا۔ قرآنِ مجید کے حقوق بتائے کہ محض قرآنِ مجید کے حفظ پر قناعت کر لینا ہرگز مناسب نہیں ہے۔ حافظِ قرآن کو چاہیے کہ عربی زبان پر مہارت حاصل کرے۔ قرآن کے ایک ایک لفظ اور ایک ایک محاورے کو سمجھے۔ قرآنِ مجید میں تاریخ کی جن اہم شخصیات، اہم قوموں اور اہم مقامات کا ذکر کیا گیا ہے، اُن سب سے اچھی طرح واقفیت حاصل کر لے، جس کے بغیر فہمِ قرآن کی منزلیں آسان نہیں ہو سکتیں۔

قراءت کے یہ مقابلے جاپان اسلامک ٹرسٹ (Japan Islamic Trust) کے ماتحت منعقد ہوتے ہیں۔اس تنظیم کے جنرل سیکرٹری ہمارے تحریکی ساتھی جناب ہارون قریشی صاحب ہیں۔ٹرسٹ کا دفتر آتسوکا مسجد (Otsuka Masjid) میں واقع ہے۔

میری تقریر کے بعد ایک سوڈانی ساتھی جناب عثمان برکیا صاحب خاص طور پر آ کر مجھ سے ملے۔یہ جاپان اسلامک ٹرسٹ کے نائب صدر ہیں اور ''حلال کمیٹی'' کے چیئر مین بھی ہیں۔

بیت الامان کامپلیکس:

ہماری اگلی منزل ''بیت الامان کامپلیکس'' (Baitul Amaan complex) ہے۔یہ تو کیو سے تقریباً 40 منٹ کے فاصلے پر واقع ہے۔یہ شہر کوشی گایا (Koshigaya) میں واقع ہے۔شہر کوشی گایا، سیتاما ضلع (Saitama Prefecture) میں واقع ہے۔یہاں پہلے ایک جوا خانہ (Casino) تھا، جسے ہمارے بنگالی تحریکی ساتھیوں نے خرید کر مسجد میں تبدیل کر دیا ہے۔

''بیت الامان کامپلکس'' ہمارے بنگالی تحریکی بھائیوں کی جدید تعمیر شدہ عظیم الشان مسجد ہے۔اس مسجد کے امام ''مولانا صابر احمد'' ہیں۔امریکہ میں ہمارے بنگالی دوست مولانا نادلاور حسین اور تحریک کے امیر ہارون الرشید صاحب کے وسیلے سے مولانا صابر مجھے جانتے تھے اور میں مولانا صابر احمد کو جانتا تھا، لیکن آج ملاقات کا شرف حاصل ہوا۔حسنِ اتفاق سے اُن کے ہاں بھی ایک تحریکی تربیتی نشست تھی۔ہمیں پہنچنے میں بہت دیر ہو گئی تھی۔بہر حال میں نے تقریباً چالیس منٹ کی گفتگو رکھی۔حاضرین کو دیکھتے ہوئے میں نے یہی مناسب سمجھا کہ دو دو منٹ انگریزی یا اردو میں گفتگو کروں اور مولانا صابر احمد اس کا بنگالی ترجمہ کرتے جائیں۔

میری گفتگو کا موضوع تھا: 'انسان اللہ تعالیٰ کی معرفت کیسے حاصل کرے؟' قرآنِ مجید کے بعض اہم نکات کی وضاحت کی۔

میں نے بتایا کہ ہم اللہ کو اس دنیا میں نہیں دیکھ سکتے، البتہ قیامت کے دن جنت میں دیدار ہوگا۔اس دُنیا میں ہم اللہ تعالیٰ کی صحیح معرفت صرف اور صرف اللہ تعالیٰ کے اَسمائے حسنیٰ اور اللہ تعالیٰ کی صفاتِ حسنیٰ کی روشنی میں حاصل کر سکتے ہیں۔

حسبِ معمول یہاں بھی ڈنر کا اہتمام کیا گیا تھا۔

ہوٹل کی تبدیلی:

رات بہت دیر ہو چکی تھی۔اب ہم اپنے نئے ہوٹل کی طرف گامزن ہو گئے۔''حرا مسجد'' ایک قدیم مسجد ہے۔

یہ گیوتوکو، اِیچی کاوا، چیبا کین (Chiba-can) میں واقع ہے۔Gyotoku, Ichikawa, Chiba

جاپان کا صدر مقام تو کیو ہے اور جاپان کا سب سے بڑا شہر ہے۔

تو کیو سے متصل ایک بڑا ضلع چیبا (Chiba Prefecture) ہے۔

ہماری نئی ہوٹل کا نام ''ٹویوکو اِن'' (Toyoko Inn) تھا۔یہ نام بظاہر تو کیو (Tokyo) سے ملتا جلتا ہے۔

مجھے بھی پہلے یہ دھوکہ ہوا۔اب مجھے اسی ہوٹل میں واپسی تک رہنا ہے۔

ساتواں دن بدھ، یکم جنوری 2025ء:

آج ساتواں دن ہے۔ سال کا پہلا دن۔ مجھے لینے کے لیے عشرت ہاشمی بھائی بہت دُور سے یعنی میتو (Mitto) سے آئے۔ پھر ہم نے جمیل احمد بھائی کو اپنے ساتھ لیا۔ جمیل بھائی رکنِ شوریٰ ہیں۔ یہ اسلامی جمعیت طلبہ کے رکن رہے ہیں۔ پچھلی دفعہ جب میں آیا تھا تو جمیل بھائی اسلامی سرکل آف جاپان کے امیر تھے۔ تحریکی مزاج رکھتے ہیں اور تحریکی شعور بھی۔ ظہر کی نماز ہم سب نے مسجد حرا میں ادا کی۔ قریبی ریسٹورنٹ میں دوپہر کا کھانا کھایا۔ آج ہمیں طویل سفر کر کے ناگانو (Nagano) کی طرف جانا ہے۔ ہمارا سفر تقریباً ساڑھے تین گھنٹے کا ہوگا۔ نصف سفر کے بعد پہاڑی علاقہ شروع ہوگیا۔

ہماری اگلی منزل ''بلال مسجد'' ہے، جو شہر سکا کی (Sakaki) میں واقع ہے۔ یہ (Nagano Prefecture) ناگانو ضلع میں واقع ہے۔ بلال مسجد کے امام مولانا سلیمان لاشاری ہیں۔ ان کا تعلق سکھر، سندھ سے ہے۔

ناگانو میں اسلامی سرکل آف جاپان کی ایک مسجد ''جامعۃ الایمان'' بھی ہے۔ اس کے امام مولانا فرخ سلطان صاحب ہیں۔ جامعۃ الایمان، شیوجیری، ناگانو (Shiojiri, Nagano) میں واقع ہے۔

مسجد بلال کے قریب ہی ہمارے ایک تحریکی ساتھی حق داد خان صاحب کا مکان ہے۔ شہر سکا کی پہنچنے کے بعد ہم پہلے اُن کے مکان پر گئے۔ اُنہوں نے جاپانی سیب وغیرہ سے ہماری تواضع کی۔

حق داد خان صاحب کا تعلق بٹ گرام سے ہے۔ یہاں ایک اور ساتھی عزیز الرحمٰن صاحب سے ملاقات ہوئی۔ عزیز بھائی کا تعلق صوابی سے ہے۔ نمازِ عشاء کے بعد میرے درس کا پروگرام رکھا گیا تھا۔ میں نے سورۃ الطلاق پر درس دیا۔

تحریکی حلقے عموماً چند ایک مخصوص قرآنی مقامات کے درس کے عادی ہوتے ہیں۔ جیسے سورۃ الحجرات کی اخلاقی تعلیمات، سورۃ التوبہ کی جہاد سے متعلق آیات، یا آخری سورتوں کے مضامین وغیرہ۔ میرا معمول یہ ہے کہ میں پورا قرآن پڑھاتا ہوں۔ پورے قرآن کی دعوت دیتا ہوں۔ کبھی سورۃ البقرہ، کبھی سورۃ الحدید، کبھی سورۃ الملک، کبھی سورۃ الرحمٰن، کبھی سورۃ القمر، کبھی سورۃ ابراہیم وغیرہ وغیرہ۔ میرے درس کے نئے نئے موضوع پر لوگوں کو اکثر تعجب ہوتا ہے، گویا کہ یہ شجرِ ممنوعہ ہے۔

ایک اور غلط فہمی ہمارے درمیان یہ پائی جاتی ہے کہ مسائل والی آیات کا درس نہیں دیا جانا چاہیے۔ اس کے نتیجے میں لوگوں میں اختلاف پیدا ہوتا ہے۔ ہماری ایک بڑی کمزوری یہ ہے کہ ہم نہ لوگوں کو اختلافات بتاتے ہیں اور نہ اُن کی دلیل اور نہ اختلافات کو برداشت کرنے کا سلیقہ سیکھنے کی تربیت دیتے ہیں۔

اصل کام یہ ہے کہ ہم ''اسلام'' اور ''غیر اسلام'' کے فرق کو سمجھیں۔ ''اسلام'' اور ''جاہلیت'' کے فرق کو سمجھیں۔ دلیل اور ثبوت والی باتوں کو بے دلیل چیزوں سے الگ کر کے دکھائیں۔ پختہ اور صحیح ثبوت والی باتوں کو غیر پختہ اور ضعیف ثبوت رکھنے والی باتوں سے چھانٹ چھانٹ کر لوگوں کو بتائیں۔ یہ کام محنت، صبر، علم اور حلم کا ہے۔ شرافت اور شائستگی سے اختلافات کو برداشت کرنے کا سلیقہ سیکھیں۔

مولانا مودودیؒ کہتے ہیں: ''سخت سے سخت اختلاف شائستہ زبان میں کیا جاسکتا ہے۔''

ہماری قیادت اور ہمارے علماء، واعظین اور خطیبوں کو یہ ہنر سیکھنا پڑے گا۔

اختلافات کو جاننے کا نام ہی علم ہے:

معلوم ہونا چاہیے کہ اختلافات کو جاننے کا نام ہی ''علم'' ہے۔سب سے بڑا اختلاف تو ''توحید اور شرک'' کا ہے۔

قرآن اور حدیث میں اختلافات ہی کا تو ذکر ہے۔قرآن میں چار (4) قوموں سے مجادلہ اور مباحثہ کیا گیا ہے۔

(1) یہودی۔ (2) عیسائی۔ (3) مشرکینِ مکہ اور (4) منافقین۔

جب تک آپ دوسرے فریق کے موقف کو اور اسلام کے موقف کے فرق اور اختلاف کو نہیں سمجھیں گے، اُن کو نہ تو اسلام کی دعوت دے سکتے ہیں اور نہ اُن سے خوبصورت مجادلہ اور مباحثہ کر سکتے ہیں، جس کے بارے میں قرآن نے حکم دیا ہے:

﴿وَجَادِلْهُم بِالَّتِي هِيَ أَحْسَنُ﴾ ''اور اُن سے مباحثہ کرو، جو نہایت خوبصورت ہو۔''

یعنی مباحثے کا مقصد، فریقِ مخالف کو شکست دینا نہیں ہے، بلکہ غلط موقف کی وضاحت کر کے صحیح موقف بیان کر کے، اُس کو اسلام کی طرف محبت سے راغب کرنا ہے۔

یہی معاملہ مسلمانوں کے باہمی اختلافات اور ''فقہی مسائل میں تعبیر کے اختلاف'' کا ہے۔مسلمان کلمہ گو ہمارے بھائی ہیں ۔ہمارا یہ فرض ہے کہ ہم اُنہیں قرآن وسنت کی روشنی میں، اختلاف کی نوعیت کو سمجھائیں اور راجح (Preferable) موقف کی وضاحت کریں۔عالم اور داعی ومبلغ کے لیے ضروری ہے کہ اُس کے پاس ''اختلافات کا علم'' ہو۔حنفی، شافعی، مالکی، حنبلی وغیرہ فقہی مسالک کے اختلافات کو جاننا اور سمجھنا اور محبت کے ساتھ لوگوں کو سمجھانا ہی تو اصل دعوت ہے۔

اَقْرَبُ اِلَی الْکِتَابِ وَالسُّنَّةِ ''قرآن وسنت سے قریب تر موقف'' کی طرف جستجو کا نام ہی ''علم'' ہے۔

''کام چور لوگ'' نہ تو پڑھتے ہیں اور نہ پڑھاتے ہیں اور نہ لوگوں سے محبت کرتے ہیں اور نہ اُن کی اصلاح کرتے ہیں۔

حسبِ دستور یہاں بھی کھانے کا انتظام کیا گیا تھا۔رات بہت دیر ہو چکی تھی ،لیکن شوریٰ کے رکن نعمت اللہ بٹ صاحب اور دیگر احباب کا اصرار تھا کہ نعمت اللہ بٹ صاحب کے گھر جانا ہے۔وہاں ایک ڈیڑھ گھنٹے کی نشست رہی، جو سوال وجواب پر مشتمل تھی۔

نعمت اللہ بٹ صاحب اور شہباز بٹ صاحب نے میزبانی کی۔

ڈھائی تین گھنٹے کے طویل سفر کے بعد، ہم واپس اپنے ہوٹل پہنچے۔راستے میں سوتا ہی رہا۔نمازِ فجر پڑھ کر ناشتہ کیا اور نیند پوری کی۔

آٹھواں دن جمعرات، 2 جنوری 2025ء:

آج آٹھواں دن ہے۔ہمارے عزیز دوست جمیل احمد صاحب نے مجھے آکر ہوٹل سے لیا۔پھر ہم دوپہر کا کھانا کھانے کے لیے ریسٹورنٹ چلے گئے۔

ویڈیو ریکارڈنگ:

لنچ کے بعد ہم جمیل بھائی کے ساتھ مسجد حرا پہنچے۔ عصر کی نماز پڑھی۔ اس کے بعد جمیل بھائی نے مختلف موضوعات پر میرے پروگرام ریکارڈ کیے۔ بیشتر سوالات تنظیم سے متعلق ہی تھے۔ یہ مضمون میرے ذہن میں تروتازہ ہے۔ ابھی میں نے ''تنظیمِ اُمت'' کے عنوان سے ایک کتاب لکھی ہے، جو پریس میں جا چکی ہے اور رمضان 2025ء سے پہلے دستیاب ہوگی۔ یہ پانچ بنیادی موضوعات ہیں، جن پر تحریک کے ہر کارکن کی گرفت مضبوط ہو۔ (1) جماعت۔ (2) بیعت۔ (3) امیر۔ (4) سمع وطاعت اور (5) شورائیت۔

امام ابوحکیم احمد معینو جاپانی سے ملاقات:

حرا مسجد کی امامت تو حافظ نوید صاحب کے سپرد ہے۔ حافظ عنایت اللہ صاحب بھی سرگرم ہیں، لیکن اکثر امامت ایک نومسلم جاپانی عالمِ دین ''ابوحکیم احمد معینو'' (Abu Hakeem Ahmad Maeno) ہی کرتے ہیں۔ ان کی عمر 49 سال ہے۔ انہوں نے اسلام قبول کرنے کے بعد دمشق (شام) جا کر دینی علوم کی تحصیل کی ہے۔

شیخ عبداللہ میازاوا کوہستانی (Shaikh Abudullah Miyazawa) کی طرح شیخ ابوحکیم احمد معینو بھی اسلامی علوم کو اُس کی اصلی زبان اور اُس کے اصلی ماخذ کے ساتھ سیکھنے کے لیے مشتاق رہے ہیں۔ مسجد میں یہ بعض نمازوں کے بعد منتخب کتابوں سے احادیث کا درس بھی دیتے ہیں۔

نومسلم جاپانی علماء کے اخلاص کو دیکھ کر ہم لوگ شرمندہ ہوتے ہیں کہ یہ ہم سے کس قدر بہتر ہیں؟

پاکستانی علماء کو چاہیے کہ ان سے عبرت حاصل کریں۔

اللہ تعالیٰ ہم سب کو اسلام کا سچا داعی اور مبلغ بنا دے۔ اللہ تعالیٰ نے ہم کو دعوت وتبلیغ ہی کے لیے پیدا کیا ہے۔

کاش ہم ''مقصدِ تخلیقِ اُمتِ محمدیہ'' کو سمجھ جائیں، جو ﴿ أُخرِجَت لِلنَّاس ﴾ کے سوا اور کیا ہے؟

جامع مسجد نشی کاسائی:

آج میرا اگلا پروگرام جامع مسجد نشی کاسائی (Nishi-Kasai) میں ہے۔ یہ مسجد توکیو کے حدود میں شامل ہے۔

مسجد کے باہر تختی پر لکھا ہوا ہے۔ ''طوکیو مسجد''۔ یہ مسجد شہر توکیو کے علاقے ایدوگاوا (Edogawa city, Tokyo) میں واقع ہے۔

اس مسجد کے امام حافظ عبدالواحد صاحب ہیں۔ ان سے میری پہلے بھی ملاقات رہی ہے۔ کراچی سے دینی علوم کی تحصیل و تکمیل کی۔ اسلام آباد میں بھی رہے ہیں۔

یہاں ہم نے عشاء کی نماز ادا کی۔ نماز کے بعد میں نے انگریزی زبان میں درس دیا۔ درس کا موضوع ''الحاد اور بے دینی کا مقابلہ'' تھا۔ شرکاء میں غالب اکثریت بھارت کے پڑھے لکھے بھائیوں پر مشتمل تھی۔ تقریر کے بعد سوال وجواب کی نشست رہی۔ شرکاء زیادہ تر تعلیم یافتہ تھے، اس لیے یہ مجلس دلچسپ ہوگئی۔ سلیم الرحمٰن صاحب نے احباب کو جمع کیا تھا۔

نواں دن جمعہ، 3 جنوری 2025ء:

آج جمعہ ہے اور میرا یہاں نواں دن ہے۔

مجھے تاتے بیاشی کی مسجدِ قباء (Quba Masjid, Tatebayashi, Gunma) میں جمعہ پڑھانا ہے۔

جمیل بھائی سوا نو بجے ہی میرے ہوٹل پہنچ گئے۔ میں چودھویں منزل پر اپنے کمرے میں تیار تھا۔ اُن کا فون آیا تو میں نے کہا کہ میں فوراً نیچے آ رہا ہوں۔ نیچے آ کر لابی میں بیٹھ گیا۔ سوئے اتفاق دیکھیے کہ ہوٹل کے کمروں میں تو انٹرنیٹ چلتا ہے، لیکن لابی میں نہیں چلتا۔ میں بالکل سامنے والی کرسی پر بیٹھ کر جمیل بھائی کا انتظار کرتا رہا۔ جمیل بھائی سامنے ہی گاڑی میں بیٹھ کر میرا انتظار کرتے رہے۔ وہ مجھے فون کرتے رہے، لیکن نیٹ نہ ہونے کی وجہ سے فون پر رابطہ نہ ہو سکا۔ ڈیڑھ گھنٹہ پونے گیارہ بجے تک میں لابی ہی میں ذکر اور درود کا اہتمام کرتے ہوئے انتظار کرتا رہا۔ پھر میں اُٹھ کر اوپر اپنے کمرے میں گیا اور وہاں سے فون کیا۔ وہ کہنے لگے کہ میں تقریباً ڈیڑھ گھنٹے سے گاڑی میں انتظار کر رہا ہوں۔ آج جمعہ بھی ہے۔ ہم بروقت وہاں نہیں پہنچ سکیں گے۔ نہایت افسوس ہوا۔ دیکھیے چھوٹی موٹی غلطیوں سے وقت کا کتنا نقصان ہو جاتا ہے۔ اللہ تعالیٰ مجھے معاف فرمائے۔ مجھے لابی سے باہر جا کر دیکھنا چاہیے تھا۔ خیر جو ہونا تھا، سو وہ ہو چکا۔

جمیل بھائی مجھے لے کر شہر تاتے بیاشی پہنچے۔ تاخیر ہو چکی تھی۔

مسجد قباء کے امام حافظ اکرام عربی صاحب ہیں۔ ان کا تعلق راولپنڈی سے ہے۔ انہوں نے بتایا کہ دورۂ حدیث سے پہلے انہوں نے میری کتاب ''حدیث کی اہمیت اور ضرورت'' سے استفادہ کیا تھا۔ میرے بہت سارے دروس میں شرکت کر چکے تھے۔ اِن کا نام اور اِن کا چہرہ میرے ذہن میں محفوظ نہیں تھا۔ ہوٹل آ کر ملاقات کی اور تفصیلی تعارف کرایا۔ اب میں اُن کی مسجد میں تھا۔

حافظ اکرام عربی صاحب نے نمازِ جمعہ کے بعد ایک پروگرام رکھا تھا، جس میں ان کے تربیت یافتہ طلبہ شریک تھے۔ میرے شاگرد مزمل فیاض صاحب بھی اسی علاقے میں رہتے ہیں۔ جاپانی زبان پر مہارت ہے۔ جاپانی نوجوانوں میں دعوت کا کام کر رہے ہیں۔ حافظ اکرام عربی صاحب کے شاگردوں نے تلاوت کی۔ بہت سی سورتوں کی تلاوت کے بعد اُس کا جاپانی ترجمہ پیش کیا۔ یہاں ایک بنیادی کتاب مرتب کی گئی ہے، جس میں کچھ سورتیں، نماز کا طریقہ اور کچھ احادیث' جاپانی ترجمے کے ساتھ' درج ہیں۔ اسی کتاب کو بنیاد بنا کر بچوں کی تربیت کی جاتی ہے۔ اس کتاب کو مزید بہتر بنایا جا سکتا ہے۔ اَحادیث کی مکمل تخریج کی جانی چاہیے۔ مختصر احادیث پر مشتمل میری ایک کتاب ''معارفِ نبوی'' ہے، جس میں مختلف موضوعات پر پانچ سو سے زیادہ صحیح احادیث کو جمع کیا گیا ہے، تاکہ طلبہ انہیں زبانی یاد کر لیں۔

کاش! وہاں کا نظم، پاکستان سے یہ کتاب جاپان کے ہر مسلمان بچے تک پہنچانے کا انتظام کر دے۔

مسجد حرا سے متعلق ہمارے عزیز دوست سید مجیب الرحمٰن صاحب بھی ہیں۔ یہ بھی اسلامی سرکل آف جاپان کی شوریٰ کے رکن ہیں۔ ان کے ایک بیٹے طارق جمیل صاحب کے مدرسے کے فارغ التحصیل ہیں۔ دوسرے بیٹے بہت زیادہ پڑھتے ہیں۔ ذہین ہیں۔ ان سے بہت زیادہ توقعات ہیں۔

کاش! یہ دونوں نوجوان جاپانی زبان میں قرآنِ مجید اور احادیثِ صحیحہ کی دعوت، جاپان کے گوشے گوشے میں پہنچا دیں۔

بچوں سے قرآن، اَحادیث اور اُس کے ' جاپانی ترجمے' کو سُن کر بہت خوشی ہوئی۔ اللہ تعالیٰ حافظ اکرام عربی صاحب کی خدمات کو قبول فرمائے اور ان سے مزید دعوت کا کام لے۔ کاش! ہمارے سارے حفاظِ کرام دعوت و تبلیغ کو اپنی زندگی کا نصب العین بنا لیں۔ اگر انہیں جاپان میں رہ کر دعوت و تبلیغ کا کام کرنا ہے تو انہیں جاپانی زبان سیکھنی ہوگی۔ اگر یہ جاپانی زبان سیکھنا نہیں چاہتے تو پھر اپنے ملک میں جا کر دعوت و تبلیغ کا کام کریں، یا پھر کسی اور ملک میں چلے جائیں، جہاں کی زبان سے یہ واقف ہوں۔

مقامی زبان کی اہمیت:

مقامی زبان سے واقفیت کے بغیر دعوت کا کام نہیں کیا جا سکتا۔ ہندوستان میں جب حضرت خواجہ معین الدین چشتیؒ (وفات 633ھ مطابق 1236ء) وغیرہ نے جب آج سے آٹھ سو سال پہلے افغانستان سے آ کر دعوت کا کام شروع کیا تو چھوٹے سے دیہاتوں میں جا کر بیٹھ گئے اور مقامی زبان پر مہارت حاصل کر لی۔ مقامی زبان میں فارسی اور عربی کے الفاظ کی آمیزش پر مشتمل اشعار کہنے لگے۔ یہ دعوت مقبول ہوئی۔ ہزاروں لوگ مشرف بہ اسلام ہوئے۔

ہمارے لوگ جاپانیوں میں جا کر جاپانی زبان میں اسلام کی دعوت کا کام نہیں کرتے۔

بچوں کے پروگرام کے بعد مخصوص احباب مسجد میں بدستور موجود تھے۔ جمعے کا مجمع تو چھٹ چکا تھا، لیکن سارے تحریکی احباب موجود تھے۔ میں نے قرآنِ مجید کی ابتدائی چار پانچ سورتوں کا خلاصہ پیش کیا۔

دوپہر کے کھانے کے لیے تاخیر ہو چکی تھی۔ ہم ریسٹورنٹ پہنچے۔ یہاں ہم ایک مرتبہ پہلے بھی شکیل عباسی صاحب کے ساتھ آ چکے تھے۔ سید مجیب الرحمٰن صاحب ہمارے میزبان تھے۔

مجلسِ شوریٰ سے خطاب:

آج یہاں اسی مسجد میں اسلامک سرکل آف جاپان کی مجلسِ شوریٰ کا اجلاس تھا۔ سرکل کے امیر ملک امانت علی صاحب چھٹی پر پاکستان جا چکے تھے۔ اُنہوں نے سعید بیگ صاحب نائب امیر اسلامک سرکل کو قائم مقام امیر مقرر کیا تھا۔ سعید بیگ صاحب نے امیر کا حلف لیا۔ شورائیت کے موضوع پر میں نے گفتگو کی۔

حفاظِ کرام سے گفتگو:

شوریٰ کے اجلاس کے بعد یہاں کے حفاظِ کرام سے میری ایک نشست کا اہتمام کیا گیا تھا۔ یہ اکثر مسجدوں کے امام ہیں۔ بچوں کو ناظرہ قرآن پڑھاتے ہیں۔ بعض مقامات پر حفظ کا بھی اہتمام ہے۔

میں نے ان لوگوں سے گفتگو میں اس بات پر زور دیا کہ وہ صحیح معنی میں جاپان کی سرزمین پر اسلام کے داعی اور مبلغ بنیں۔ دین کو روزگار کا ذریعہ اور پیشہ نہ سمجھیں۔ نیت کی اصلاح کریں۔ روزگار اور معیشت ہر انسان کی ضرورت ہے۔ کوئی نبی اور رسول بھی اس سے بری الذمہ نہیں ہوتا۔ نبی اور رسول کو بھی دو وقت کی روٹی کی ضرورت ہوتی ہے۔ ہر نبی کو بکریاں چرانی پڑتی ہیں۔ اُنہیں بھی

اپنے بیوی بچوں کے منہ میں لقمۂ حلال ڈالنا فرض ہوتا ہے۔ ہمارے دور کے اپنے تقاضے ہیں، لیکن ہمیں اپنے اصل نصب العین سے ایک منٹ کے لیے بھی اور ایک دن کے لیے بھی غافل نہیں ہونا چاہیے۔ مسلمان اگر کسی ادارے کا ملازم ہو تو ادارہ اُس کا احتساب کرنے کا حق رکھتا ہے۔ حضرت عمر فاروقؓ نے اہل کوفہ کی شکایت پر حضرت سعد بن ابی وقاصؓ اور حضرت مغیرہ بن شعبہؓ جیسے بزرگ صحابہؓ کو معزول اور معطل کر کے مدینہ بلوایا اور تحقیقات کیں۔ حضرت سعد بن ابی وقاصؓ عشرۂ مبشرہ میں سے ہیں۔

اسلامک سرکل آف جاپان کا فرض ہے کہ وہ حفاظِ کرام کو جاپانی زبان سیکھنے کے لیے ہر قسم کی سہولت فراہم کریں۔

جو لوگ جاپانی زبان سیکھنا نہیں چاہتے، اُنہیں جاپان میں نہیں رہنا چاہیے۔

اسلامی سرکل کی مساجد کا مقصد:

مساجد کا مقصد صرف یہ نہیں ہے کہ پانچ وقت نماز قائم ہو جائے اور چھوٹے بچوں کو ناظرہ قرآن پڑھا دیا جائے اور یہ سمجھا جائے کہ ہم نے ((تَعَلَّمَ القُرآنَ وَعَلَّمَهُ)) کا فریضہ ادا کر دیا ہے۔

(1) اسلامک سرکل آف جاپان کی کوئی مسجد ایسی نہ ہو، جہاں عربی زبان کی تعلیم کا اہتمام نہ ہو۔

(2) کوئی مسجد ایسی نہ ہو، جہاں قرآن کا ترجمہ نہ پڑھایا جاتا ہو۔

(3) کوئی مسجد ایسی نہ ہو، جہاں خواتین کا روزانہ کی بنیاد پر تعلیمی پروگرام نہ ہو۔

(4) کوئی مسجد ایسی نہ ہو، جہاں نوجوانوں کے لیے روزانہ کی بنیاد پر تعلیمی سرگرمی نہ ہو۔

(5) پاکستانی مسجدوں کی طرح، یہاں کی مسجدوں کے دروازے خواتین کے لیے بند نہ ہوں۔

(6) مسجد کو تعلیم گاہ بننا چاہیے۔ تربیت گاہ بننا چاہیے۔

(7) امام مسجد اور عالمِ دین کا کام یہ ہے کہ وہ ہر نمازی کے نام اور ٹیلی فون نمبر سے واقف ہو۔ اُس کے گھریلو حالات سے واقف ہو۔ اُس کے مسائل کا اسلامی حل بتائے۔

(8) ہر نماز کے بعد کم از کم بیس (20) منٹ کے لیے قرآن کا ترجمہ اور صحیح احادیث کا ترجمہ پیش کرے۔

(9) عالمِ دین کے لیے اسلامک سرکل وقت مقرر کر دے کہ ان اوقات میں وہ ذاتی مسائل کی کونسلنگ اور اسلامی مشوروں کے لیے دستیاب ہوں گے۔

(10) ہمارے دینی مدارس کے فارغ التحصیل لوگوں کے لیے ضروری ہے کہ وہ کتاب سے اپنا رشتہ مضبوط رکھیں۔

(11) مسجد میں امام کے لیے ایک کمرہ ہو، جس میں چاروں طرف کتابیں ہی کتابیں ہوں۔

(12) اسلامک سرکل آف جاپان کی قیادت کی ذمہ داری ہے کہ امام مسجد اور خطیبِ مسجد کے لیے ایک اچھی لائبریری کا انتظام کرے۔

(13) جو آدمی پڑھتا نہیں، وہ ٹھہرے ہوئے پانی کی طرح بدبودار ہو جاتا ہے۔ جب آمد ہوتی ہے تو رفت بھی ممکن ہے۔ جب آدمی خود پڑھتا ہے تو دوسروں کو پڑھانے کا شوق بھی پیدا ہوتا ہے۔

(14) اکثر دیکھا گیا ہے کہ دینی مدارس کے فارغ التحصیل لوگوں کا علم مردہ ہو جاتا ہے۔ پھر وہ دعوت کا کام نہیں کر سکتے۔

یہ انسان کی بڑی بدنصیبی ہے۔

رات دیر گئے ہماری ہوٹل واپسی ہوئی۔

دسواں دن ہفتہ، 4 جنوری 2025ء:

آج ہفتے کا دن ہے۔ آج میرا پروگرام مسجد حرا میں ہے، جو ہماری ہوٹل سے بہت قریب ہے۔ یہاں کے امام حافظ نوید صاحب ہیں۔ امین اللہ صاحب یہاں بہت **فَعّال** ہیں۔ حذیفہ بھائی بھی یہاں بہت **فَعّال** ہیں۔

حسبِ معمول جمیل بھائی ہوٹل سے لینے کے لیے آ گئے۔ قریبی ریسٹورنٹ میں دوپہر کا کھانا کھایا اور پھر مسجد حرا پہنچ گئے۔

یہاں لوگوں سے تفصیلی ملاقاتیں رہیں۔ عشاء کے بعد بڑا پروگرام رکھا گیا تھا۔ پوری مسجد بھر چکی تھی۔ سوڈانی بھائی بھی شریک تھے۔ میں نے اردو اور انگریزی دونوں زبانوں میں ملی جلی گفتگو کی۔

حسبِ معمول پروگرام کے بعد کھانے کا وسیع انتظام تھا۔ حذیفہ بھائی اس سلسلے میں محنت کرتے رہے۔

اکبر الہ آبادی نے برسوں پہلے غالباً ہمارے بارے ہی میں فرمایا تھا۔

قوم کے غم میں ڈنر کھاتے ہیں حکّام کے ساتھ رنج لیڈر کو بہت ہے، مگر آرام کے ساتھ

یہ دُنیا روز بروز چٹوری ہوتی جا رہی ہے۔ گویا ہم لذتِ کام و دہن کے حصول ہی کے لیے پیدا کیے گئے ہیں۔

رات دیر گئے ہوٹل واپسی ہوئی۔

گیارھواں دن اتوار، 5 جنوری 2025ء:

آج اتوار ہے اور جاپان میں میرا گیارھواں دن۔ حسب معمول جمیل بھائی دوپہر میں آ کر مجھے ہوٹل سے لے گئے۔ ہماری اگلی منزل مسجد اقصی القدس تھی۔

مسجدِ اقصی (القدس):

مسجد اقصی قدس، ماتسودو، چیبا (Matsudo, Chiba) میں واقع ہے۔ یہ حال ہی میں خریدی گئی ہے۔ اس سے پہلے یہاں گاڑیوں کا شوروم تھا۔ اس مسجد کے فی الحال امام شیخ محمد سلیم صاحب ہیں، جن کا تعلق روہنگا برادری سے ہے، جنہوں نے بنگلہ دیش سے اپنی دینی تعلیم حاصل کی ہے۔

اس مسجد کے نچلے حصے کو مکمل طور پر پارکنگ کے لیے وقف کر دیا جائے تو یہ مسجد زیادہ فائدہ دے سکتی ہے۔ یہاں لفٹ لگا دی جائے۔ ایک منزل صرف مردوں کے لیے ہو اور ایک منزل صرف عورتوں کے لیے ہو۔ عورتوں اور مردوں کے لیے الگ الگ لفٹ ہو۔ عورتوں اور مردوں کے لیے مزید باتھ روم اور وضو خانے تعمیر کیے جائیں تو یہ جگہ زیادہ مفید ہو سکتی ہے۔

یہاں نماز ظہر کے بعد، مقامی بھائیوں سے میں نے خطاب کیا۔

یہاں دوپہر کے کھانے کا انتظام بھی کیا گیا تھا۔

آج ہمیں رات تاتے بیاشی پھر جانا ہے۔ یہاں نکاح کی ایک تقریب ہے، جس میں میرا خطاب ہے۔

کتابوں کے اسٹور پر:

جمیل بھائی اور حذیفہ بھائی ہمیں لے کر بازار گئے۔ میری فرمائش پر جمیل بھائی نے کتابوں کی دکان کی سیر کرائی۔ مجھے انگریزی زبان میں جاپان کے تاریخی اطلس (Historical Atlas) کی ضرورت تھی، تاکہ جغرافیہ کے ساتھ ساتھ میں جاپان کی تاریخ کو بھی سمجھ سکوں۔ وہ تو نہیں مل سکی۔ البتہ ایک چھوٹی کتاب اور جاپان کا ایک نقشہ لے لیا۔

آدمی جب کسی نئے ملک میں جائے تو پہلا کام یہ کرے کہ اُس ملک کا اطلس (Atlas) خرید لے، تاکہ ملک کے جغرافیہ سے اچھی واقفیت ہو جائے۔ تاریخی اطلس کا فائدہ یہ ہوتا ہے کہ مختلف زمانوں کی مختلف حکومتوں کا حدودِ اربعہ معلوم ہو جاتا ہے۔ تاریخ کی بڑی جنگوں سے واقفیت ہو جاتی ہے۔

میں لوگوں سے کہتا ہوں کہ اگر کسی کو کوئی ''تحفہ'' دینا ہو تو سب سے اچھی چیز ''کتاب'' ہے۔

اب ہم جس نامراد زمانے میں زندہ ہیں، اُس میں تو بس ''خوشبو'' (Branded Perfumes) کا تبادلہ ہوتا ہے۔

آج چھٹی کا دن تھا، چنانچہ بازاروں میں خاصی گہما گہمی تھی۔

یہاں سے فارغ ہو کر ہم شہر تاتے بیاشی (Tatebayashi, Gunma) کی طرف گامزن ہو گئے۔

یہاں ایک نکاح کی تقریب تھی۔ تقریب کے میزبان ایک صاحبِ ثروت برمی مسلمان تھے اور ان کے بھتیجے کی شادی تھی۔ شرکاء میں زیادہ تر تعداد برمیوں کی تھی، جو اردو اچھی طرح سمجھ لیتے ہیں۔ یہاں اسلامک سرکل کے بہت سارے دوستوں سے ملاقات ہو گئی، جن میں حافظ اکرام عربی صاحب اور سید مجیب الرحمٰن صاحب اور اُن کے دونوں صاحبزادے ذہن میں ہیں۔

میں نے اپنی تقریر میں نکاح کے مقاصد اور میاں بیوی کی ذمہ داریوں پر روشنی ڈالی۔ دولہا سے کہا کہ آج ہی دونوں مل کر یہ نیت اور یہ عہد کر لو کہ اگر اللہ نے اولاد دی تو ہم اُنہیں حتی الامکان نیک اور صالح بنانے کی کوشش کریں گے۔ قرآن وسنت کا علم دیں گے۔ معاشرے کا باعزت شہری بنانے کے لیے تگ و دو کریں گے۔ اُنہیں حتی المقدور اسلام کا داعی اور مبلغ بنانے کے لیے سرگرم رہیں گے۔

رات دیر گئے ہوٹل واپسی ہوئی۔

بارھواں دن پیر، 6 جنوری 2025ء:

آج پیر ہے۔ میرے لیے یہ دن خالی رکھا گیا ہے کہ احباب مجھے جاپان کی سیر وتفریح کرائیں۔

سیر وتفریح کا دن:

میں گزشتہ 51 برس سے دُنیا کے مختلف ممالک کی سیر کر رہا ہوں۔ اب میری عمر 72 سال سے زیادہ ہے۔

سب سے پہلے میں 1973ء میں کیلی فورنیا، امریکہ پہنچا تھا۔ میری عمر صرف 21 سال تھی۔ اُس وقت دُنیا کو دیکھنے کا اور سمجھنے کا شوق تھا۔ امریکہ، کینیڈا، سارا یورپ، سارا شرقِ اوسط، مصر، جاپان، آسٹریلیا، انڈونیشیا وغیرہ گھوم پھر کر دیکھا۔

مغرب کی کارستانی:

مغرب نے دُنیا کی تہذیبوں کو ایک جیسا بنا دیا ہے۔ لوگوں میں ایک جیسا شعور پیدا کر دیا ہے۔ وہی سمندر کا ساحل، وہی اونچی عمارتیں، وہی بڑے بڑے ڈپارٹمنٹل اسٹور، وہی بے لباسی، وہی عریانی، وہی جھوٹی چمک دمک، وہی مصنوعی آرائش وزیبائش ہر جگہ نظر آتی ہے۔ ہمارے نوجوان بھی انہی چیزوں کو تعمیر وترقی سمجھتے ہیں۔ انہی چیزوں میں دلچسپی لیتے ہیں۔ مغرب نے مسلم نوجوانوں کے دل ودماغ کو آلودہ کر دیا ہے۔

اسلامی تہذیب نے بھی اکثر بڑے شہروں میں مغربی نقاب سے اپنا چہرہ چھپالیا ہے۔

ساری دُنیا کے ائیر پورٹ ایک جیسے ہیں۔ وہی برانڈ، وہی ڈیوٹی فری دکانیں۔ ان میں آخر نیا کیا ہے؟ کچھ بھی نہیں۔

وہی سگریٹ، وہی شراب، وہی ملبوسات، وہی چاکلیٹ، وہی جوتے۔ کاش ہم ان چیزوں کو سمجھ جائیں!

انسان کو مغرب نے کس طرح یک رنگ کر دیا ہے۔ شاعر نے صحیح کہا ہے:

سارے منظر ایک جیسے، ساری باتیں ایک سی
سارے دن ہیں ایک سے اور ساری راتیں ایک سی

سب ملاقاتوں کا مقصد، کاروبارِ زرگری
سب کی دہشت ایک جیسی، سب کی گھاتیں ایک سی

اب کسی میں اگلے وقتوں کی وفا باقی نہیں
سب قبیلے ایک سے ہیں، ساری ذاتیں ایک سی

اے منیرؔ آزاد ہو، اس سحرِ یک رنگی سے دور
ہو گئے سب رنگ یکساں، سب نباتیں ایک سی

مجھے اب ان چیزوں کو دیکھنے کی کوئی خواہش نہیں ہوتی۔ مجھے اس ''سحرِ یک رنگی'' سے وحشت ہوتی ہے۔

مجھے دلچسپی اگر ہوتی ہے تو کتاب سے، یا افراد سے، یا کسی میوزیم سے جہاں سے میں کچھ سیکھ سکوں۔

شیخ عبداللہ میازاوا:

آج مجھے سیر کرانے کی غرض سے شیخ عبداللہ میازاوا (Abdullah Miyazawa) ہوٹل تشریف لے آئے۔ شیخ عبداللہ ہیں تو کوہستان کے پٹھان، لیکن ان کی 1970ء میں پیدائش بھی کراچی کی ہے اور نشو ونما بھی کراچی میں ہوئی ہے۔ علماء کے خاندان سے ہیں۔ بہت اچھی اردو اور عربی بولتے ہیں۔ جوانی ہی میں جاپان آ گئے تھے۔ غالباً 1994ء میں جاپان پہنچے۔ ایک جاپانی خاتون 1993ء میں مسلمان ہوگئیں اور اپنا اسلامی نام فاطمہ میازاوا رکھ لیا۔ مسجد آنے جانے لگیں۔ پیشے کے اعتبار سے یہ فارماسسٹ تھیں۔ 1995ء میں ان کا نکاح شیخ عبداللہ میازاوا سے ہو گیا۔ فاطمہ ان سے عمر میں بہت بڑی تھیں۔ اسلام کا رشتہ بھی عجیب ہے۔ اللہ تعالیٰ صاحبِ اخلاص لوگوں میں ہم آہنگی اور یگانگت پیدا کر دیتا ہے۔ اب شیخ عبداللہ کی عمر تقریباً 54 سال ہے۔ ان کی اہلیہ 80 سال سے متجاوز ہیں۔ شادی کے بعد شیخ عبداللہ بھی ''میازاوا'' ہو گئے ہیں۔ عام طور پر بیویاں شوہر کا نام اپنے ساتھ لگا لیتی

ہیں۔ یہاں معاملہ برعکس ہے۔30 سال سے یہ رشتہ حسن وخوبی کے ساتھ اُستوار ہے۔

شیخ عبداللہ میازاوا نے کراچی یونیورسٹی سے ایم اے کیا ہے۔ کیو یونیورسٹی، تو کیو، جاپان سے جاپانی زبان میں ڈپلومہ حاصل کیا ہے۔2002ء سے 2012ء کے درمیان، دمشق جا کر عربی اور اسلامی علوم کی مزید تعلیم حاصل کی ہے۔ لبنان کے کلیہ اوزاعی سے بھی علم حاصل کیا۔ فقہ المقارن پر ان کا کام ہے۔ ہدایہ کے ایک مخطوطے پر بھی انہوں نے کام کیا ہے۔ شیخ سعید بوطی، ڈاکٹر وہبہ الزہیلی وغیرہ ان کے استاد رہے ہیں۔ دمشق کا ایک کالج، سوڈان کی اُم درمان یونیورسٹی سے ملحق ہے۔ یہاں سے انہوں نے اپنی پی ایچ ڈی کی ضروریات کی تکمیل کر لی ہے۔ کرونا کی وجہ سے ان کی ڈاکٹریٹ میں تاخیر ہوئی ہے۔ ان شاء اللہ دو چار ماہ میں اس کی تکمیل ہو جائے گی۔ انہوں نے اپنی اہلیہ اور اقبال برما صاحب کے ساتھ مل کر ایک کتاب تصنیف کی ہے، جس کا نام ''جاپان، تہذیب کا سفر'' ہے۔ شیخ نے یہ کتاب مجھے تحفے میں پیش کی۔

شیخ عبداللہ میازاوا مجھے پہلے اپنے گھر لے گئے۔ ان کی اہلیہ نے بیماری اور کبرسنی کے باوجود، میرے لیے جاپانی قہوہ بنا کر پیش کیا۔ شیخ عبداللہ میازاوا سے بہت ہی تفصیل کے ساتھ نشست رہی۔ علالت اور بڑھاپے کو محسوس کرتے ہوئے، ان کی جاپانی اہلیہ نے خود شیخ کا دوسرا نکاح ایک شامی خاتون سے کرا دیا۔ یہ خاتون بھی بہت معمر ہیں۔ کئی بچوں کی والدہ ہیں۔ ان کے بچے یورپ میں ہیں۔ یہ یورپ اور جاپان کے درمیان آمد ورفت رکھتی ہیں۔ ان کے ایک بھائی جاپان میں مقیم ہیں۔

ایک نئی اکیڈمی کا منصوبہ:

شیخ عبداللہ میازاوا سے مجوزہ ایک نئی قرآن اکیڈمی (Gunma Quran Academy) کے سلسلے میں تفصیلی گفتگو دو تین گھنٹوں تک جاری رہی۔ اس اکیڈمی کے لیے تاتے بیاشی شہر میں، مسجد قباء کے بہت ہی قریب ایک عمارت خرید لی گئی ہے۔ یہ عمارت تین منزلہ ہے۔ نچلی منزل لڑکوں کے لیے اور درمیانی منزل لڑکیوں کے لیے مخصوص ہوگی۔ سب سے اوپر کی منزل پر معلم قرآن اور اُن کی اہلیہ کے علاوہ دوسرے ممالک سے آنے والے مہمان طلبہ کے لیے رہائش کا انتظام ہوگا۔

اکیڈمی کا بنیادی مقصد تیسری اور چوتھی جماعت کے بچوں کو لے کر اُنہیں قرآن کی تعلیم دینا ہے۔ حفظ کرنے والے طلبہ کی عمریں 9 تا 12 سال ہوں گی۔ صبح 9 تا 12 حفظ کے لیے مخصوص ہوگا۔ درمیان میں کھیلنے کے لیے وقفہ دیا جائے گا۔ روزانہ کم از کم 8 گھنٹے تعلیم ہوگی۔ اتوار کو چھٹی ہوگی۔ حفظِ قرآن کے بعد بچوں کو عربی زبان اور ترجمہ قرآن کی تعلیم دی جائے گی۔

عالم وحافظ میاں بیوی کی تلاش:

شیخ عبداللہ میازاوا ایک ایسے نوجوان شادی شدہ جوڑے کی تلاش میں ہیں، جو دونوں اچھے حافظ بھی ہوں اور عالم بھی۔

حافظ وعالم شادی شدہ جوڑے کے لیے درج ذیل شرائط کی تکمیل ضروری ہے۔(1) چھ مہینے کی ابتدائی مدت آزمائشی ہوگی، جس میں جاپانی زبان کا سیکھنا ضروری ہوگا۔ آزمائشی مدت میں کامیابی کے بعد ملازمت مستقل کی جائے گی۔(2) حافظ وعالم میاں بیوی کے لیے اسلامی تحریک سے وابستگی ضروری ہوگی۔(3) حافظ وعالم میاں بیوی دعوتی مزاج رکھتے ہوں۔(4) فقہی توسع کے حامل

ہوں۔متشدد نہ ہوں۔(5) رہائش مفت ہوگی۔(6) شوہر کے لیے ڈیڑھ لاکھ ین ماہانہ اور بیوی کے لیے ایک لاکھ بیس ہزار جاپانی ین تنخواہ دی جائے گی۔(7) گیس اور بجلی کی مد میں تیس ہزار جاپانی ین دیے جاسکتے ہیں۔آزمائشی مدت کی تکمیل کے بعد سال میں ایک ماہ کی چھٹی اور ایک ٹکٹ دیا جائے گا۔سالانہ پندرہ پندرہ دن کی دو چھٹیاں لینے کی صورت میں صرف ایک ٹکٹ دیا جائے گا۔(8) شوہر اور بیوی تجوید کے قواعد سے بخوبی واقف ہوں۔(9) تعلیمی تجربہ رکھتے ہوں۔(10) صابر اور حلیم ہوں۔(11) بچوں کے لیے رحیم اور شفیق ہوں۔(12) اعلیٰ اخلاق اور کردار کے حامل ہوں، بچوں پر جسمانی یا جنسی تشدد کا رجحان نہ رکھتے ہوں۔(13) نئے تہذیبی ماحول میں لچکدار رویہ اختیار کرنے کے لیے تیار ہوں۔(14) بچوں سے انگریزی اور اردو میں بات کر سکتے ہوں اور کچھ عرصے بعد جاپانی میں بھی۔(15) نئی ٹیکنالوجی کے استعمال سے واقف ہوں۔(16) نئے سمعی و بصری آلات کی مدد سے تعلیم دینے کی صلاحیت رکھتے ہوں۔(17) بچوں کے سلسلے میں جاپان کی حکومت کی طرف سے بہت ہی سخت پابندیاں ہیں۔ ہندو پاک کے بیشتر مدارس میں جو سزا دینے کا ماحول ہے، وہ جاپان میں ناقابلِ قبول ہے۔

دلچسپی رکھنے والے اور مندرجہ بالا شرائط پر اُترنے والے جوڑے (میاں بیوی) مجھ سے رابطہ کر سکتے ہیں۔

اللہ تعالیٰ شیخ عبداللہ میازاوا کے عزائم کی تکمیل کے لیے تمام مراحل آسان کردے۔

گھر پر اس طویل نشست کے بعد، مجھے شیخ عبداللہ میازاوا ایک ہندوستانی لکھنوی ریسٹورنٹ میں لے گئے، جہاں ہم نے تاخیر سے لنچ کیا۔ لنچ کے بعد شیخ عبداللہ نے اپنے شامی برادرِ نسبتی کو فون کیا۔ایک اسٹور پر ہماری ملاقات ہوئی۔ان کے شامی برادرِ نسبتی بھی صاحبِ علم آدمی ہیں اور اُستاد ہیں۔ان دونوں کی معیت میں، میں نے اپنے نواسوں اور نواسیوں کے لیے کچھ خرید وفروخت کی۔

اگلے دن صبح مجھے واپس ہونا تھا۔رات گہری ہو چکی تھی۔ شیخ نے مجھے ہوٹل پہنچا دیا۔یہ بھی بتایا کہ شیخ محمد سلیم صاحب، جن کا تعلق روہنگا برادری سے ہے اور جنہوں نے بنگلا دیش میں دینی علوم کی تحصیل و تکمیل کی ہے، مجھے لے کر ائیرپورٹ جائیں گے۔

تیرھواں دن منگل، 7 جنوری 2025ء:

آج 7 جنوری 2025ء ہے اور میری واپسی کا دن ہے۔

واپسی کا سفر ائیر چائنا (Air China) سے ہے۔میری فلائیٹ صبح ساڑھے آٹھ بجے ہے۔ مجھے ائیرپورٹ پر ساڑھے پانچ سے پہلے پہنچنا ہے۔ بیجنگ میں تین گھنٹے کا درمیانی قیام ہے۔دوسری فلائیٹ بیجنگ سے اسلام آباد کے لیے ہوگی۔

جاپان جاتے ہوئے میں 25 دسمبر 2024ء کو رات ساڑھے گیارہ بجے تھائی ائیرویز (Thai Airways) سے آیا تھا۔ بینک کاک میں دو گھنٹے کا درمیانی قیام تھا۔26 دسمبر 2024ء کو شام چھ بجے میں ٹوکیو پہنچا تھا۔

شیخ محمد سلیم صاحب علم ہیں اور تحریکی آدمی ہیں۔انگریزی اور اردو پر اچھا خاصا عبور رکھتے ہیں۔تحریکی شعور کوٹ کوٹ کر بھرا ہوا ہے۔اسلامک سرکل آف جاپان کی مجلسِ شوریٰ کے رکن بھی ہیں۔ان سے 2018ء کے دورے میں ملاقات ہوئی تھی۔

یہ بروقت ہوٹل پہنچ گئے۔ تقریباً ایک ڈیڑھ گھنٹے میں ہم ائیر پورٹ پہنچ گئے۔ انہوں نے میرے ناشتے کے لیے گھر سے پراٹھا اور چائے کا انتظام کر لیا تھا۔ گاڑی میں بیٹھے بیٹھے ہی ہم نے ناشتہ کیا۔ ائیر پورٹ پہنچ گئے۔ سلیم صاحب آخر تک میرے ساتھ رہے، جب تک کہ سامان ائیر لائن کے حوالے نہ کیا گیا اور بورڈنگ پاس نہ مل گیا۔

نوشہرہ کے اجنبی سے تعارف:

یہاں لائن میں ایک اور ساتھی سے تعارف ہوا۔ نوشہرہ کے رہنے والے ہیں۔ تقریباً 30 سالوں سے جاپان میں ہیں۔ ان کے بچے جاپانی اسکولوں ہی میں تعلیم حاصل کرتے رہے ہیں۔ انہوں نے اب اپنے ایک بیٹے کو پاکستان بھجوا دیا ہے، تاکہ وہ حافظِ قرآن بن سکے۔ کہنے لگے کہ اس میں میری خود غرضی ہے۔ میرا ایک بیٹا حافظ بن جائے گا تو میری مغفرت ہو جائے گی۔ یہی معاملہ ہمارے اکثر احباب کا بھی ہے۔

بچوں کو حافظ بنانا کافی نہیں ہے:

کاش ہمارے احباب اس بات کو اچھی طرح سمجھ لیں کہ اپنے بچوں کو ناظرہ قرآن پڑھا کر، تجوید کے احکام بتا کر حافظ بنانا کافی نہیں ہے۔ ثواب کی بات اور ہے اور اُمت کی ذمے داری اور ہے۔ ثواب تو اٹک اٹک کر قرآن پڑھنے سے بھی ملتا ہے، بلکہ نئے آدمی کو اٹک اٹک کر پڑھنے سے دوہرا ثواب ملتا ہے۔ قرآن کے ہر حرف پر دس نیکیاں ملتی ہیں۔ ا ل مٓ کے الف پر دس نیکیاں، لام پر دس نیکیاں اور میم پر دس نیکیاں، لیکن اللہ تعالیٰ نے ہم پر دعوت و تبلیغ کی ذمے داری عائد کی ہے۔

حفظِ قرآن سے بڑھ کر ثواب، فہمِ قرآن کا ثواب ہے۔ فہمِ قرآن سے بڑھ کر ثواب، فہمِ قرآن کی تبلیغ و تعلیم ہے۔ صرف حفظِ قرآن کے مدارس کا قیام اصل مقصود نہیں ہونا چاہیے، بلکہ عربی زبان کی تعلیم اور مکمل قرآن کا ترجمہ پیشِ نظر رہے کہ ہم قرآن وسنت کی دعوت کو لے کر دُنیا پر غالب ہو سکیں۔ رسول اللہ ﷺ نے فرمایا:

((تَرَكْتُ فِيكُمْ أَمْرَيْنِ لَنْ تَضِلُّوا مَا تَمَسَّكْتُمْ بِهِمَا ، كِتَابَ اللّٰهِ وَسُنَّةَ رَسُولِهِ))

’’مسلمانو! میں تمہارے درمیان دو چیزیں چھوڑے جا رہا ہوں۔ جب تک تم ان دو چیزوں کو مضبوطی سے تھامے رہو گے، کبھی گمراہ نہیں ہو گے۔ (1) اللہ کی کتاب اور (2) اُس کے رسولؐ کی سنت۔‘‘ (موطا امام مالکؒ)

سلیم بھائی اور نوشہرہ کے ساتھی کو رخصت کر کے میں اُن کے بیٹے کے ساتھ جہاز کی طرف چل پڑا۔ فجر کی نماز کا وقت ہو چکا تھا۔ فجر کی نماز ادا کی۔ بیجنگ پہنچ کر ہم نے ظہر اور عصر کی نمازیں ایک ساتھ ادا کیں۔ اسلام آباد پہنچا تو مغرب کا وقت ختم ہی ہوا چاہتا تھا۔ ائیر پورٹ پر ہی مغرب اور عشاء کی نمازیں ادا کیں۔ میرے نواسے اور نواسیاں میری منتظر تھیں۔

الغرض 25 دسمبر 2024ء کا یہ سفر 7 جنوری 2025ء کی شب الحمدللہ مکمل ہوا۔

جاپان میں خودکشی:

جاپان میں خودکشی کا رجحان بہت زیادہ ہے۔ 2017ء کے سروے کے مطابق جاپان دُنیا میں خودکشی کے اعتبار سے دُنیا کا ساتواں ملک تھا۔ ایک لاکھ میں سے پندرہ (15) لوگ خودکشی کیا کرتے تھے۔ 2019ء میں جاپان خودکشی کے اعتبار سے G-7 ممالک میں دوسرے نمبر پر آ گیا۔ جاپانی حکومت پلان بنا رہی ہے کہ 2026ء تک خودکشی کی شرح کو کم سے کم 30% کم کیا جائے۔

2024ء میں بیس ہزار دو سواڑ ھسٹھ (20,268) افراد نے جاپان میں خودکشی کی۔ ان میں ملازمین کی تعداد زیادہ ہے۔

جاپان میں الحاد اور بے دینی:

جاپان کے بڑے مذاہب تو شنتوازم اور بدھ مت ہے، لیکن اکثر نوجوان نسل کے افراد کوئی مذہبی رجحان نہیں رکھتے۔

64% فی صد سے 65% فی صد افراد میں لادینیت اور الحاد کا رجحان پایا جاتا ہے۔ یونیورسٹیوں میں اکثر طلبہ دن بہ دن بے دین (Atheist) اور متشکک (Agnostic) ہوتے جا رہے ہیں۔

جاپان میں ہم جنس پرستی:

جاپان میں ہم جنس پرستی کا رجحان بہت زیادہ نہیں ہے، لیکن وہ کھلے عام اس کے مخالف بھی نہیں ہیں۔ امریکہ اور یورپ کی طرح عام شاہراؤں پر دولڑکوں کا آپس میں بوس و کنار ابھی رائج نہیں ہے۔

جاپان میں انڈونیشیا کا مستقبل:

جاپان کی آبادی دن بہ دن گھٹتی جا رہی ہے۔ بوڑھوں کی تعداد بڑھتی جا رہی ہے اور نوجوان کم ہوتے جا رہے ہیں۔

اپنی صنعتوں کو زندہ رکھنے کے لیے جاپان کو نوجوان لوگوں کی سخت ضرورت ہے۔ جاپان نے فیصلہ کیا ہے کہ انڈونیشیا کے نوجوانوں کو یہاں لا کر آباد کیا جائے۔ 28 کروڑ کی آبادی میں 24 کروڑ مسلمان ہیں۔

بظاہر یہی معلوم ہوتا ہے کہ انڈونیشیا میں اسلام کا مستقبل روشن اور تابناک ہے۔ جنوبی جاپان کے صنعتی علاقوں میں بہت سے مسلمان نوجوان بلائے جائیں گے۔ یہاں نئی مسجدیں تعمیر ہوں گی۔ خود جاپانی اسلام قبول کر لیں گے۔ واللہ اعلم بالصواب۔

جاپان کے موجودہ اثاثے:

جاپان کے پاس 1,230 ملین ڈالر کے اثاثے موجود ہیں۔

تقریباً 200 کے قریب ہوائی اڈے ہیں۔

امریکہ کے دباؤ کی وجہ سے، جاپان کے اندر سوشلسٹوں اور کمیونسٹوں کے لیے کوئی جگہ نہیں تھی۔

ویٹ نام کی بیس سالہ جنگ میں (1955ء تا 1975ء) جاپان نے کوئی حصہ نہیں لیا۔

جاپان میں پاکستانیوں کے کاروبار:

جاپان میں 15 ہزار سے زیادہ پاکستانی ہیں۔ان میں زیادہ تر موٹر گاڑیوں کی خرید و فروخت کے کاروبار ہی سے منسلک ہیں۔ ان تاجروں کی کئی قسمیں ہیں۔پہلی قسم وہ ہے، جو ہراج (Auction) میں گاڑیاں خرید کر جاپان ہی کے کسی دوسرے شہر میں بیچ دیتے ہیں۔دوسری قسم وہ ہے، جو جاپان سے پاکستان کو گاڑیاں بھجواتے ہیں۔تیسری قسم وہ ہے، جو جاپان کی گاڑیاں اور جاپان کے اسپیئر پارٹس دوسرے ملکوں کو بھیجتے ہیں۔ان میں سے بعض ایسے افراد بھی ہیں، جو گاڑیوں کے علاوہ بڑے بڑے ٹرک، ہیوی مشینری اور ٹریلرز بھجواتے ہیں۔زیادہ کامیاب تاجر وہ ہیں، جن کے دو ملکوں میں دفاتر ہیں۔ایک بھائی ایک ملک میں ہوتا ہے تو دوسرا بھائی دوسرے ملک میں۔

اللہ تعالیٰ ان سب کے کاروبار میں برکت دے اور انہیں دعوتِ دین اور اقامتِ دین کے لیے قبول فرمائے۔

مسلمان اور مساجد:

جاپان میں مسلمانوں کی تعداد ایک فی صد سے بھی کم ہے۔یعنی صرف 0.18 فی صد۔کل مسلمانوں کی تعداد 2 لاکھ 30 ہزار ہے۔ان میں 50 ہزار جاپانی شہریت رہتے ہیں۔پاکستانیوں کی تعداد 15 ہزار سے زائد ہے۔

جاپان میں 2025ء تک 125 سے زیادہ مسجدیں تعمیر کی گئی ہیں۔ان میں اسلامک سرکل آف جاپان (ICOJ) کی مسجدیں صرف دس (10) ہیں۔

اسلامک سرکل کے لیے تجاویز:

اسلامک سرکل آف جاپان کے لیے میری تجاویز حسب ذیل ہیں۔

1۔شعبۂ تحقیق و ترجمہ کا قیام:

اسلامک سرکل آف جاپان کو چاہیے کہ شیخ عبداللہ میازاوا اور چند نوجوانوں کے ساتھ ایک شعبہ تحقیق و ترجمے کے لیے قائم کرے۔اس شعبے میں کام کرنے والے فل ٹائم جاپانی زبان میں ترجمے کا کام کریں۔ایسے نوجوانوں کو لیا جائے، جو جاپانی زبان میں ادبی مہارت رکھتے ہوں۔ادبی اور معیاری زبان ہی میں اسلام کی بہترین ترسیل و ابلاغ ممکن ہے۔اسلامک سرکل آف جاپان ان افراد کی مکمل کفالت، فرضِ کفایہ سمجھ کر کرے۔

2۔پاکستان سے کتابیں منگوایئے:

کتاب کے بغیر اسلامی تحریک کا تصور ہی ناممکن ہے۔

مولانا مودودیؒ کی ساری کتابوں کا مکمل سیٹ تقریباً 30,000 روپے میں یعنی 15,000 ین میں آتا ہے۔اس میں مولانا صدرالدین اصلاحیؒ، ڈاکٹر یوسف القرضاویؒ کی بعض کتابوں کو بھی شامل کر لیجیے۔اسلامی سرکل آف جاپان کو چاہیے کہ ابتداء میں کتابوں کے سو (100) سیٹ منگوا لیں۔

(الف) ہر مسجد میں مولانا مودودیؒ اور دیگر تحریکی علماء کی کتابوں کا ایک سیٹ ہونا ضروری ہے۔

(ب) ہر رکن کے پاس مولانا مودودیؒ اور دیگر تحریکی علماء کی کتابوں کا ایک سیٹ ہونا ضروری ہے۔

3۔ امریکہ میں ہونے والے کام سے واقفیت حاصل کیجئے:

اسلامک سرکل آف جاپان کو چاہیے کہ وہ امریکہ میں ہونے والے دعوتی کام سے واقفیت حاصل کرے۔

(الف) میں خاص طور پر اکنا (I C N A) کے ایک شعبے میں، غیر مسلموں میں کیے جانے والے گین پیس (Gain Peace) ''امن و سلامتی حاصل کیجئے'' کے کام سے بہت متاثر ہوں۔ وہاں شکاگو کچھ نوجوانوں کو بھیج کر تربیت دی جاسکتی ہے کہ وہ لوگ کس طرح کام کر رہے ہیں؟

(ب) دوسرا کام جو اکنا (ICNA) کی طرف سے ہورہا ہے، وہ دعوۃ ٹیبل کا ہے۔ یہ کام بھی بہت اچھا ہے۔ دو چار بھائی بازار کے نکڑ پر ایک ٹیبل لگا کر بیٹھ جاتے ہیں۔ اُن کے ہاتھ میں چھوٹے چھوٹے کتابچے (Pamphlets) ہوتے ہیں، جو آنے جانے والوں کو دیے جاتے ہیں، جس میں رابطے کے ٹیلی فون نمبر ہوتے ہیں۔

4۔ پرتھ، آسٹریلیا کا دورہ کیجئے:

اسلامی سرکل کی قیادت کے کچھ لوگوں کو پرتھ، آسٹریلیا کا دورہ بھی کرنا چاہیے۔ یہاں جو اسکول قائم کیا گیا ہے، اُس کا کام بہت مثالی ہے۔ میں ان کے کام سے بہت متاثر ہوں۔ ایسا کام مغرب کے ہر شہر میں ہونا چاہیے۔ یہاں اسکول کے اساتذہ میں مصری، شامی، فلسطینی، پاکستانی اور ہندوستانی افراد شامل ہیں۔ یہی حال طلبہ کا ہے۔ یہاں ایک مثالی اسلامی اخوت کی تشکیل ہورہی ہے۔ ان کا مزاج بھی داعیانہ ہے۔ دوسرے مقامات کے کام کا جائزہ لے کر اپنے کام کو بتدریج حکمت کے ساتھ بڑھایا جائے۔ روایتی کاموں سے اجتناب کیا جائے۔ سب سے بُرے لوگ وہ ہوتے ہیں، جو لکیر کے فقیر ہوتے ہیں اور جو لگے بندھے مصنوعی ضابطوں اور قاعدوں سے سرِ مُو انحراف کرنا نہیں چاہتے۔

5۔ شعبۂ نشر و اشاعت کا قیام:

اسلامک سرکل آف جاپان کا دوسرا کام یہ ہے کہ وہ دو دو چار چار صفحات پر مشتمل، جاپانی زبان میں چھوٹے چھوٹے دوسو (200) کتابچے تیار کرے، جو ایک ایک لاکھ کی تعداد میں شائع کیے جائیں۔

کتابچوں کے چند موضوعات:

بازاروں میں، کالجوں میں، یونیورسٹیوں میں اور گھروں میں تقسیم کیے جائیں۔ جیسے اللہ خالق ہے۔ اللہ تعالیٰ کو اُس کے ناموں اور صفات کے ذریعے ہی سمجھا جاسکتا ہے۔ اللہ تعالیٰ رسولوں کے ذریعے انسان کی ہدایت کرتا ہے۔ اسلام ایک مکمل نظامِ حیات۔ اسلام میں آخرت کا تصور۔ دُنیا ایک دارالامتحان ہے۔ انسان کو خیر و شر کی آزادی دی گئی ہے۔ اسلام کی عبادات۔ اسلام کا طرزِ معاشرت۔ اسلام کا معاشی نظام۔ اسلام کا خاندانی نظام۔ اسلام میں والدین اور اولاد کے حقوق۔ اسلام میں انسان کے بنیادی حقوق۔ اسلام ہی قبول کیا جائے گا۔ اسلام دوسرے مذاہب کو آزادی عطا کرتا ہے۔ اسلام میں

حلال وحرام وغیرہ وغیرہ۔
اسلامی سرکل آف جاپان اپنے بجٹ کا 50% فی صد نشرواشاعت اور دعوت پر خرچ کرے۔

6۔ خواتین کا نظم:

اسلامی سرکل آف جاپان کو چاہیے کہ وہ خواتین کا نظم قائم کریں۔ دو چار جمعیت اور جماعت کی خواتین کو پاکستان سے بلوایا جا سکتا ہے۔ دو چار اچھی مبلغات مل جائیں تو تحریکی کام جنگل کی آگ کی طرح پھیل سکتا ہے۔ خواتین کو تفہیم القرآن کی مدد سے درس دینے کی تربیت دی جائے۔
جاپان میں پاکستانی خواتین عموماً ملازمت نہیں کرتیں۔ ان کے پاس وقت ہی وقت ہے۔ ایک مرتبہ انہیں دعوت و تبلیغ کی اہمیت کا احساس ہو جائے تو یہ مردوں سے زیادہ کام کر کے دکھا سکتی ہیں۔

7۔ شعبۂ دعوت کا قیام:

اسلامی سرکل آف جاپان اپنے مخصوص ارکان اور کارکنان پر مشتمل ایک شعبۂ دعوت قائم کرے، جو مختلف طبقات میں اسلام کی دعوت کو پھیلائے۔ گھر گھر قرآن پہنچانے کا انتظام کرے۔

8۔ شعبۂ تربیت کا قیام:

تعلیم سے آگے کی منزل تربیت ہے۔ لوگ 50 سال سے نماز پڑھتے ہیں، لیکن نماز کی صحیح تربیت نہیں ہوتی۔ رکوع صحیح نہیں کرتے۔ سجدہ صحیح نہیں کرتے۔ رکوع کے بعد قیام میں پیٹھ سیدھی نہیں کرتے۔ اکثر لوگوں کی نماز میں خشوع نہیں ہوتا۔ تیز تیز نماز پڑھتے ہیں۔ تربیت میں یہ بات بھی شامل ہے کہ لوگوں کو اللہ کا بندہ بنا دیا جائے۔ احسان والی نماز کی تربیت دی جائے۔ کارکنوں کو زکوٰۃ کے مسائل کی تربیت دی جائے۔ تحریک کا ہر کارکن زکوٰۃ کے مسائل پر عبور حاصل کر لے، کیونکہ زکوٰۃ وصول کرنا اور زکوٰۃ تقسیم کرنا اقامتِ دین کی سرگرمیوں میں سے ایک اہم کام ہے۔

9۔ انڈونیشیا کی تحریکی قیادت سے رابطہ:

اسلامک سرکل آف جاپان کی قیادت انڈونیشیا کا دورہ کرے اور وہاں کی تحریکی قیادت سے رابطہ کر کے جاپان میں دعوت کے کام میں تعاون کی درخواست کرے۔

انڈونیشی تحریکی اماموں اور مبلغین کی ضرورت:

مستقبل قریب میں ایسے داعیانِ دین اور مبلغین کی جاپان میں ضرورت ہوگی، جو انڈونیشی مسلمانوں کی تربیت کر سکیں۔ انڈونیشیا سے آنے والے لوگ جنوبی جاپان کے صنعتی شہروں میں آ کر آباد ہوں گے۔ اس لیے جنوبی شہروں میں تحریکی مساجد کا قیام ضروری ہے۔

10۔اسلامک سرکل کی قیادت اگلی صدی کے بارے میں غور وفکر کرے:

قیادت کا کام یہی ہوتا ہے کہ وہ مستقبل کے بارے میں سوچے اور اپنے خواب نئی قیادت کے دل ودماغ میں راسخ کرے۔ یہ قوموں کی قیادت (Leadership) ہی ہوتی ہے، جو اُس کے عروج وزوال کا سبب بنتی ہے۔اس سلسلے میں ہماری کتاب ''قیادت اور ہلاکتِ اقوام'' کا مطالعہ مفید رہے گا۔یہ قیادت علمی بھی ہوتی ہے،عملی بھی،فکری بھی ہوتی ہے اور ذہنی بھی۔ تنظیمی بھی ہوتی ہے اور انتظامی بھی۔سائنسی بھی ہوتی ہے اور عسکری بھی۔سیاسی بھی ہوتی ہے اور سماجی بھی۔قیادت کے اس جامع مفہوم کو قرآن بہت تفصیل کے ساتھ واضح کرتا ہے۔

قیادت مستقبل کی صورت گری کرتی ہے اور اُس کا نقشہ،تصور کی آنکھوں سے دیکھتی ہے۔شاعر نے صحیح کہا ہے:

بلا سے ہم نے نہ دیکھا تو اور دیکھیں گے   فروغِ گلشن وصوتِ ہزار کا موسم

قرآن مجید مسلمانوں کو خوشخبری دیتا ہے:

﴿وَالَّذِيْنَ جَاهَدُوا فِيْنَا	''جو لوگ ہمارے لیے (دن رات) محنت کریں گے
لَنَهْدِيَنَّهُمْ سُبُلَنَا	ہم ضرور بہ ضرور اُنہیں (مستقبل کے) راستے دکھائیں گے
	(اچھے کام کرنے والے،خود کو تنہا نہ سمجھیں، بلکہ)
وَإِنَّ اللّٰهَ لَمَعَ الْمُحْسِنِيْنَ﴾	اللہ تعالیٰ تو اچھے کام کرنے والوں کے ساتھ ہے۔'' (العنکبوت:69)

اللہ تعالیٰ ہمیں اچھی اور جامع قیادت نصیب فرمائے۔

طالبِ دعائے خیر

خلیل الرحمٰن چشتی

اسلام آباد

10 فروری 2025ء

مطابق 11 شعبان 1446ھ

..........❖❖❖❖❖..........❖❖❖❖❖..........

اسلامک سرکل آف جاپان کی مسجدیں

جاپان میں مسلمانوں کی تعداد ایک فی صد سے بھی کم ہے۔ یعنی صرف 0.18 فی صد۔ کل مسلمانوں کی تعداد 2 لاکھ 30 ہزار ہے۔ ان میں 50 ہزار جاپانی شہریت رہتے ہیں۔ پاکستانیوں کی تعداد 15 ہزار سے زائد ہے۔

جاپان میں 2025ء تک 125 سے زیادہ مسجدیں تعمیر کی گئی ہیں۔ ان میں اسلامک سرکل آف جاپان (ICOJ) کی مسجدیں صرف دس (10) ہیں۔

اسلامک سرکل آف جاپان نے مندرجہ ذیل مساجد قائم کی ہیں۔

1۔ مسجد دارِ ارقم:

مسجد دارِارقم توکیو (Taito City, Tokyo) میں واقع ہے۔ یہ اسلامک سرکل آف جاپان کا صدر دفتر (H.O. ICOJ) بھی ہے۔

یہاں کے امام شیخ عبداللہ خوبایاشی (Abdullah khobayashi) ہیں۔ ہمارے بھائی رضا صاحب جن کا تعلق چیونڈا سے ہے اور ہمارے بھائی خلیل بٹ صاحب اس مسجد سے وابستہ ہیں۔

2۔ مسجد حرا:

مسجد حرا توکیو (Tokyo) شہر کے بالکل قریب چیبا کین (Chiba ken) میں واقع ہے۔ یہ اسلامک سرکل کی قدیم ترین مسجد ہے۔ حافظ نوید صاحب اس مسجد کے امام ہیں۔ جمیل احمد صاحب اور امین اللہ صاحب اسی مسجد کے قریب رہتے ہیں۔

3۔ باب الاسلام مسجد:

باب الاسلام مسجد، اویاما (OYAMA) میں واقع ہے۔ اس کے امام حافظ عبدالغفار صاحب ہیں، جن کا تعلق لیہ سے ہے۔ ہمارے بھائی حافظ ذوالفقار آرائیں بھی اسی مسجد سے وابستہ ہیں۔ ان کا تعلق گجرانوالہ سے ہے۔

4۔ مسجد قباء:

مسجد قباء شہر تاتے بیاشی (Tatebayashi) میں واقع ہے۔ یہ تیس فیٹ اور ایک سو بیس فیٹ کا عرض وطول رکھتی ہے۔ اس کے امام حافظ اکرام عربی صاحب ہیں، جن کا تعلق راولپنڈی سے ہے۔ سید مجیب الرحمٰن صاحب اس مسجد کے فعال رکن ہیں۔ سید مجیب صاحب کا تعلق کوہاٹ سے ہے۔

5۔ مسجد اقصیٰ قدس:

مسجد اقصیٰ قدس، ماتسودو، چیبا (Matsudo, Chiba) میں واقع ہے۔ یہ حال ہی میں خریدی گئی ہے۔ اس سے پہلے یہاں گاڑیوں کا شوروم تھا۔ اس مسجد کے فی الحال امام شیخ محمد سلیم صاحب ہیں، جن کا تعلق روہنگا برادری سے ہے، جنھوں نے بنگلہ دیش

سے اپنی دینی تعلیم حاصل کی ہے۔

اس مسجد کے نچلے حصے کو مکمل طور پر پارکنگ کے لیے وقف کر دیا جائے تو یہ مسجد زیادہ فائدہ دے سکتی ہے۔ یہاں لفٹ لگا دی جائے۔ ایک منزل صرف مردوں کے لیے ہو اور ایک منزل صرف عورتوں کے لیے ہو۔ عورتوں اور مردوں کے لیے الگ الگ لفٹ ہو۔ عورتوں اور مردوں کے لیے مزید باتھ روم اور وضو خانے تعمیر کیے جائیں تو یہ جگہ زیادہ مفید ہو سکتی ہے۔

6۔ مسجد ریاض الجنۃ:

مسجد ریاض الجنۃ ناسوشیوبارا (Nasushiobara) میں واقع ہے۔ یہاں کے امام حافظ حبیب صاحب ہیں، جن کا تعلق سرگودھا سے ہے۔ ہمارے بھائی افتخار اور سرکل کے امیر امانت علی صاحب اس مسجد سے وابستہ ہیں۔

7۔ مسجد ابوبکر صدیقؓ:

مسجد ابوبکر صدیقؓ نیتو (Nitto) میں واقع ہے۔ اس مسجد کے امام حافظ عبدالوہاب صاحب ہیں۔ ان کا تعلق کوٹ ادو، مظفر گڑھ سے ہے۔ سعید بیگ صاحب، عشرت ہاشمی صاحب اور الیاس خان صاحب اس مسجد سے وابستہ ہیں۔

8۔ مسجد جامع الایمان:

مسجد جامع الایمان ناگانو (Nagano) میں واقع ہے۔ یہاں کے امام حافظ فرخ سلطان صاحب ہیں، جن کا تعلق منڈی بہاؤالدین سے ہے۔ نعمت اللہ بٹ صاحب اور شہباز بٹ صاحب اس مسجد سے منسلک ہیں، جن کا تعلق گوجرانوالہ سے ہے۔

9۔ اقراء مسجد:

اقراء مسجد، کھانوما (Kanuma) میں واقع ہے۔ حافظ زبیر صاحب کشمیری یہاں کے امام ہیں۔ ہمارے بھائی وقار باجوہ اور نکو کے ہمارے ساتھی منور چوہدری صاحب اس مسجد سے منسلک ہیں۔ منور چوہدری صاحب کا تعلق اوکاڑہ سے ہے۔

10۔ مسجد عثمان غنیؓ:

مسجد عثمان غنیؓ کیتا سکادو (Kita sakado) میں واقع ہے۔ اس مسجد کے امام حافظ عبدالرؤف صاحب ہیں جن کا تعلق ساہیوال سے ہے۔

11۔ بیت الامان کامپلکس:

مسجد بیت الامان کامپلکس، ہمارے بنگالی تحریکی بھائیوں کی مسجد ہے، جو کوشی گایا (Koshigaya, Saitama) میں واقع ہے۔ یہاں کے امام مولانا صابر احمد ہیں۔

..........❖❖❖❖❖..........❖❖❖❖❖..........